COLLECTION FOLIO

Saga de Hávardr de l'Ísafjördr

Saga islandaise

Traduit de l'islandais et annoté
par Régis Boyer

Gallimard

Ce texte est extrait de *Sagas islandaises*
(Bibliothèque de la Pléiade, Éditions Gallimard).

Titre original :

HÁVARDAR SAGA ÍSFIRDINGS

NOTE DE L'ÉDITEUR

Les sagas sont les textes emblématiques de la littérature médiévale islandaise des XIIe et XIIIe siècles. Le mot « *saga* » vient du verbe *segja* qui signifie « dire », « raconter ». Colonisés par les Norvégiens et les habitants des îles Britanniques, les Islandais se sont attachés à consigner par écrit les récits du passé, à établir l'hagiographie des grands rois de Norvège, des premiers évêques islandais, puis des héros illustres et parfois légendaires. Il existe trois types de sagas : les sagas « de contemporains », où l'auteur parle de personnages qu'il a connus ; les sagas « de familles », plus souvent appelées « sagas islandaises », qui rapportent les faits et gestes d'ancêtres ayant vécu au Xe ou au XIe siècle ; et les sagas « des temps anciens », qui empruntent leurs thèmes aux grands mythes européens.

Les sagas islandaises sont en prose, souvent entrecoupées de passages en vers. Le style se caractérise par sa concision, sa clarté et sa fermeté. Les auteurs (*sagnamenn*), toujours anonymes, ne se permettent ni embellissements ni interventions personnelles. La litote et le sous-entendu sont de règle et contribuent à faire des sagas des textes remplis d'ironie. Leur héros est en général un homme d'action, bourru et taciturne, prêt à tout pour aller au bout de lui-même. Il est pour cela instruit par une constante intervention du surnaturel faite de rêves prémonitoires et de présages. Dans un style très simple et très resserré, elles exaltent la dignité humaine, le respect d'un ordre consenti, l'amour des grandes valeurs familiales.

Souvent mal connues en France, les sagas constituent le fleuron de la culture nordique et de la littérature médiévale occidentale.

La *Saga de Hávardr de l'Ísafjördr*, qui date probablement de la charnière des XIIIe et XIVe siècles, raconte l'histoire de Hávardr, l'un des personnages les plus sympathiques et les plus émouvants que nous présentent les sagas islandaises. Lui qui fut jadis un grand viking n'est plus désormais qu'un vieillard chétif et boiteux, que la mort ignominieuse de son fils unique, Óláfr, affecte profondément. Finira-t-il par retrouver une nouvelle jeunesse pour « entreprendre des poursuites », c'est-à-dire pour venger son déshonneur et sa perte ?

CHAPITRE PREMIER

Le début de cette saga, c'est qu'il y avait un homme qui s'appelait Thorbjörn. Il était fils de Thjódrekr[1]*. Il habitait dans l'Ísafjördr, la ferme qui s'appelle Laugaból. Il possédait un godord dans l'Ísafjördr. C'était un homme de grande famille et un grand chef, d'une injustice extrême, en sorte que personne, dans l'Ísafjördr, n'avait la force de s'opposer à lui. Il s'emparait des filles ou des parentes des gens, en disposait quelques moments puis les renvoyait chez elles. Pour certains, il s'emparait de leurs domaines ou les chassait de leurs propriétés. Thorbjörn avait pris pour gouvernante de son domaine une femme qui s'appelait Sigrídr. C'était une femme jeune et de grande famille. Elle avait beaucoup de bien qui devait servir à son entretien, sans qu'on le fît fructifier, pendant qu'elle serait chez Thorbjörn[2].

* Toutes les notes sont regroupées en fin de volume en p. 85.

On mentionne un homme, Hávardr. Il habitait à l'endroit qui s'appelle Blámýrr. Il était de grande famille et était alors d'âge avancé. Ç'avait été un célèbre viking dans la première partie de sa vie et un très grand champion, et au cours d'une bataille, il avait reçu une grave blessure au-dessous de la rotule : à partir de ce moment-là, il était resté boiteux. Hávardr était marié, sa femme s'appelait Bjargey. Elle était de bonne famille, et fort imposante. Hávardr et elle avaient un fils qui s'appelait Óláfr. Il était dans son jeune âge et fort accompli. Il était de grande taille, avenant de visage. Hávardr et Bjargey l'aimaient beaucoup. Il leur obéissait et faisait à leur gré. Il y avait un homme qui s'appelait Thormódr. Il habitait la ferme qui s'appelle Bakki, dans l'Ísafjördr. Sa femme s'appelait Thorgerdr[3]. Thormódr n'était guère au goût de tout le monde ; il était alors assez avancé en âge. On disait qu'il était susceptible de changer de forme[4] ; aussi chacun tenait-il que la pire chose était d'avoir affaire à lui. Il y avait un homme qui s'appelait Ljótr[5], qui habitait Mánaberg dans l'Ísafjördr. Il était grand et fort. Il était frère de Thorbjörn et lui ressemblait extrêmement en toute chose. Il y avait un homme qui s'appelait Thorkell, qui habitait l'île appelée Aedey. C'était un homme sage, quoique de petite condition, mais de bonne famille pourtant, et extrêmement faux. Thorkell était lögmadr[6] des gens de l'Ísafjördr. On mentionne deux hommes pour cette saga : l'un s'appelait

Brandr et l'autre, Vakr. C'étaient des hommes de la maison de Thorbjörn de Laugaból. Brandr était de grande taille et fort vigoureux. Son travail consistait à voyager en été pour transporter au domaine des choses nécessaires, et en hiver, il gardait le bétail ; il était populaire et n'empiétait pas sur les droits des gens. Vakr était neveu de Thorbjörn. C'était un homme de petite taille et d'apparence insignifiante, enclin à injurier les gens et méchante langue, il pressait constamment Thorbjörn, son parent, de faire les pires choses. Aussi était-il impopulaire et on lui faisait méchante réputation. Il ne faisait rien d'autre qu'accompagner Thorbjörn dans tous ses déplacements ou faire ses courses aussi bien lorsqu'il voulait faire exécuter de mauvaises actions. Il y avait une femme appelée Thórdís, qui habitait Hváll dans l'Ísafjördr. Elle était sœur de Thorbjörn et mère de Vakr. Elle avait un autre fils qui s'appelait Skarfr[7]. Il était à la fois grand et fort. Il vivait chez sa mère et s'occupait de leur domaine. Il y avait un homme qui s'appelait Thórálfr, qui habitait à l'endroit appelé Lónseyrr ; c'était un homme populaire, et pas important. Il était proche parent de la gouvernante de Thorbjörn. Thórálfr s'était offert à prendre chez lui Sigrídr pour faire fructifier son bien, mais Thorbjörn n'avait pas voulu, montrant, là encore, son injustice, et il lui avait ordonné de ne pas se mêler de cela.

CHAPITRE II

Il faut dire maintenant qu'Óláfr grandit à Blámýrr. Il devint un homme prometteur. Les gens disent qu'Óláfr avait la chaleur vitale d'un ours[1] car, quel que fût le gel ou le froid, il ne portait pas d'autres habits que des braies et une tunique sanglée autour de ses braies. Il ne quittait jamais la ferme vêtu davantage. Il y avait un homme qui s'appelait Thórhallr ; il était parent et homme de la maison de Hávardr, un homme jeune et très vif. C'est lui qui approvisionnait le domaine.

Un automne que les gens de l'Ísafjördr allèrent chercher leur bétail dans les pâturages communs, ils n'en retrouvèrent pas beaucoup. Il manqua à Thorbjörn de Laugaból soixante moutons. Les nuits d'hiver[2] passèrent et on ne les retrouvait pas. Un peu avant l'hiver, Óláfr fils de Hávardr partit de chez lui, parcourut les pâturages communs, toutes les montagnes, chercha le bétail des gens et en trouva une quantité, qui appartenait à la fois à Thorbjörn, à Hávardr et à lui, ainsi qu'à d'autres. Il rentra ce bétail et remit à chacun ce qui lui appartenait. Óláfr devint populaire à cause de cela, chacun lui souhaitant du bien. Un jour, de bonne heure, Óláfr descendit les moutons de Thorbjörn à Laugaból. Il arriva au moment où les gens étaient à table, il n'y avait personne dehors. Óláfr frappa aux portes, une femme vint : c'était Sigrídr, la gouvernante de Thorbjörn, et elle le salua bien. Elle demanda ce qu'il voulait. Óláfr répondit : « J'ai ramené ici les moutons de Thorbjörn, qui lui manquaient cet automne. » Quand Thorbjörn entendit que l'on frappait aux portes, il demanda à Vakr d'aller voir qui était arrivé. C'est ce qu'il fit : il alla au portail qui se refermait de lui-même. Il vit que Sigrídr et Óláfr étaient en conversation. Il sauta sur la poutre transversale du portail et se tint là pendant qu'ils parlaient. Óláfr dit alors : « Il n'y a pas besoin d'aller plus loin ; tu vas, Sigrídr, expliquer ce qu'il en est des moutons. » Elle dit que oui et lui donna le bonjour. Vakr sauta dans la salle en criant. Thorbjörn demanda pourquoi il se comportait ainsi et qui était venu. « Je crois, dit-il, que c'est Óláfr l'Idiot, de Blámýrr, le fils de Hávardr, qui est venu. Il a ramené les moutons qui t'avaient manqué cet automne. — C'est bien », dit Thorbjörn. « Je crois qu'il y a autre chose derrière ce voyage, dit Vakr, car lui et Sigrídr ont parlé toute la matinée ; j'ai vu qu'elle trouvait fort bon de lui passer les bras autour du cou. » Thorbjörn dit : « Óláfr a beau être un vaillant homme, c'est de l'impudence de sa part que de venir faire jusque chez nous de déplaisants voyages. » Óláfr s'en alla chez lui. L'année passa et l'on dit qu'Óláfr venait constamment à Laugaból trouver Sigrídr, et que tout se passait fort bien entre eux. On se mit bientôt à raconter qu'Óláfr séduisait Sigrídr.

L'automne suivant, les gens allèrent de nouveau chercher leur bétail dans les pâturages communs et n'en trouvèrent guère. Une fois encore, Thorbjörn n'en retrouva pas la plupart. Et quand le rassemblement du bétail fut terminé, Óláfr partit tout seul de chez lui, alla dans les pâturages communs par les monts et par les landes, trouva de nouveau quantité de moutons et les ramena en contrée habitée, remettant de nouveau à chacun ce qui lui appartenait. Il devint si populaire que tout le monde lui souhaitait du bien hormis Thorbjörn. Celui-ci était furieux contre lui à cause de toutes les louanges que lui faisaient les autres et de ce qu'il avait entendu dire par la contrée de ses visites à Sigrídr. Vakr n'épargnait rien pour le calomnier auprès de Thorbjörn. Il se trouva qu'Óláfr était arrivé avec les moutons, autant qu'avant, et que lorsqu'il arriva, il n'y avait personne dehors. Il entra et alla dans la salle. Il y avait là le bóndi Thorbjörn et son parent, Vakr, ainsi que beaucoup de gens de la maison. Óláfr pénétra vers le fond de la pièce. Il tenait sa hache devant lui. Et lorsqu'il fut arrivé presque à l'estrade, il posa sur le plancher le bout du manche de sa hache et s'appuya dessus, mais personne ne le salua, tout le monde se taisait. En voyant que nul ne lui disait mot, il déclama une strophe :

1. *S'agit en premier lieu de demander*
Aux très taciturnes tenanciers
Pourquoi se taisent tous ici
Les vaillants arbres du bouclier ;

On n'ajoute nul renom
Aux braves sans parole ;
Longtemps me suis tenu ici,
Nul ne m'a salué[3].

Alors Óláfr dit : « La raison pour laquelle je suis venu ici, bóndi Thorbjörn, c'est que j'ai amené les moutons. » Vakr dit alors : « On sait, Óláfr, que tu t'es fait meneur de moutons dans l'Ísafjördr ; nous savons aussi la raison pour laquelle tu es venu ici : tu viens réclamer une partie des moutons que tu as ramenés ; c'est d'ailleurs la part du mendiant, et il est clair qu'il faudra s'en souvenir, si peu que ce soit. » Óláfr répondit : « Ce n'est pas pour cela que je suis venu, je ne ramènerai pas les moutons une troisième fois. » Il s'en alla alors, mais Vakr se leva d'un bond et poussa des cris contre lui. Óláfr n'y prêta aucune attention et s'en alla chez lui, et cette année passa. En automne, on retrouva bien les moutons, sauf Thorbjörn : il lui manquait soixante moutons et on ne les trouva pas. Thorbjörn et son neveu firent courir le bruit qu'Óláfr voudrait de nouveau aller chercher les moutons pour en avoir une partie, ou sinon, qu'il les volerait.

Un soir, Hávardr et Óláfr étaient à table : sur le plat devant eux, il y avait une patte de mouton. Óláfr la prit et dit : « Voilà une patte étonnamment grande et grosse. » Hávardr dit : « Je crois pourtant, parent, qu'elle vient de nos moutons et pas de ceux du bóndi Thorbjörn, et c'est grave de tolérer une telle injustice[4]. » Óláfr reposa la patte sur la table et rougit, ceux qui étaient auprès eurent l'impression qu'il empoignait brutalement la table, mais ce fut pourtant la patte qui se brisa et si rudement qu'un morceau rebondit contre la cloison où il resta enfoncé. Hávardr leva les yeux sans rien dire, mais sourit toutefois. À ce moment, une femme entra dans la salle ; c'était Thorgerdr de Bakki qui était arrivée. Hávardr lui fit joyeux accueil et lui demanda les nouvelles. Elle dit que Thormódr, son mari, était mort. « Nous ne sommes pourtant pas tirés d'affaire car il revient chaque nuit hanter son lit. Aussi voudrais-je, bóndi, que vous m'apportiez quelque secours, car mes gens trouvaient mauvais d'avoir affaire à Thormódr, et nous en sommes au point qu'ils veulent tous s'en aller. » Hávardr répondit : « J'ai dépassé maintenant mon plus bel âge et je ne suis plus en état de faire de telles choses, et pourquoi ne vas-tu pas à Laugaból ? Il faut s'attendre de la part des chefs à ce qu'ils fassent intervenir leurs partisans sans délai pour avoir la haute main sur leur district. » Elle répondit : « Je ne m'attends à rien de bon de ce côté-là ; je suis satisfaite qu'il ne me fasse pas de mal. » Alors Hávardr dit : « Je suis d'avis que tu demandes à Óláfr, mon fils ; c'est aux jeunes hommes de faire la preuve de leur valeur. Nous autres, autrefois, nous aurions pris plaisir à de telles choses. » C'est donc ce qu'elle fit. Óláfr promit d'y aller et lui demanda de rester là pour la nuit, mais le lendemain, il alla chez Thorgerdr avec elle. Tout le monde y était lugubre et, le soir, on alla dormir. Óláfr coucha dans le lit de pignon, près des portes. De la lumière brûlait dans la salle ; le haut de la pièce était éclairé, mais le bas était obscur. Óláfr se coucha en tunique et en braies car il n'avait jamais d'autres vêtements que ceux-là. Il jeta un manteau par-dessus lui.

À la tombée de la nuit, Thormódr entra dans la salle en branlant la tête[5]. Il vit qu'un lit où l'on n'avait pas l'habitude de coucher était occupé. Il n'était pas particulièrement hospitalier, il se dirigea jusque-là et empoigna le manteau. Óláfr ne voulut pas le lâcher et le retint jusqu'au moment où ils se le répartirent entre eux. Découvrant que celui qui se trouvait en face de lui avait de la force, Thormódr bondit sur le rebord des lits. Óláfr se leva d'un bond et saisit sa hache dans l'intention de le frapper, mais les choses se passèrent plus rapidement car Thormódr lui passa sous le bras. Óláfr dut faire face. Éclata alors le plus rude combat. Thormódr était brutal, tellement que toute chair qu'il empoignait se détachait. La plupart des choses qui se trouvaient devant lui étaient dévastées, et à ce moment précis, la lumière s'éteignit. Óláfr estima que cela n'améliorait pas la situation. Thormódr attaquait avec ardeur et il se fit pour finir qu'ils disparurent dehors. Dans le pré clos il y avait un gros morceau de bois échoué, et il arriva que Thormódr donna des deux talons dedans et tomba à la renverse. Óláfr lui mit alors le genou sur le ventre et malmena Thormódr, lui administrant tous les coups qu'il lui semblait bon. Tout le monde se taisait quand Óláfr rentra. Et lorsqu'il se fit entendre, ce fut tout un : les gens étaient debout et il y avait de la lumière. Il était marqué de coups de haut en bas. Il était blessé partout par les attaques de Thormódr. Quiconque était en état de parler le remercia. Il dit espérer qu'ils n'auraient pas de mal à cause de Thormódr. Óláfr resta là quelques nuits, puis alla chez lui à Blámýrr. Pour cette action, il fut largement renommé dans l'Ísafjördr et par tous les quartiers du pays, et tout cela accrut fort la mésentente entre lui et Thorbjörn.

CHAPITRE III

Sur ce, il faut dire qu'une baleine s'échoua dans l'Ísafjördr, à l'endroit où Thorbjörn et Hávardr avaient droit de propriété sur les épaves de part et d'autre de Laugaból[1]. On dit aussitôt qu'elle revenait à Hávardr. C'était un rorqual de la meilleure sorte. Ils y allèrent les uns et les autres, voulant avoir la décision du lögmadr. Quantité de gens s'assemblèrent là. Il parut évident à tout le monde que la baleine revenait à Hávardr. Thorkell le lögmadr était venu. On lui demanda à qui appartenait la baleine. Il répondit, plutôt bas : « Assurément, la baleine leur appartient. » Thorbjörn marcha alors sur lui, l'épée brandie, et dit : « À qui donc, malheureux ? » Thorkell répondit rapidement en baissant la tête : « À toi, à toi, assurément. » Thorbjörn alla alors, dans son injustice, s'emparer de toute la baleine. Hávardr alla chez lui, mécontent de son lot. Tour le monde estima qu'une fois encore, Thorbjörn avait manifesté son injustice et sa parfaite vilenie.

Un jour, Óláfr alla à ses bergeries, car le temps était rude en hiver, et il fallait s'occuper beaucoup de son bétail. Le vent avait été violent pendant la nuit. Lorsqu'il voulut rentrer à la maison, il vit qu'un homme venait à la bergerie : c'était Brandr le Fort. Óláfr lui fit bon accueil. Brandr répondit bien à ses salutations. Óláfr demanda pourquoi il se déplaçait si tard. Il répondit : « Ce n'est pas d'un intérêt extrême ; je suis allé voir mes bêtes de bonne heure ce matin, elles se sont laissé chasser en bas sur le rivage. On peut les remonter en deux endroits, mais là où je cherchais à les pousser, il se trouvait toujours un homme qui les chassait, si bien qu'elles me revenaient sur les bras, et cela s'est passé de la sorte toute la journée jusqu'ici. Je voudrais bien que nous y allions tous les deux ensemble. — Je ferai à ta requête. » Ils descendirent ensuite tous les deux jusqu'au rivage. Et dès qu'ils voulurent faire remonter le bétail, ils virent que se trouvait là Thormódr, le compagnon de lutte d'Óláfr, et qu'il agitait les bras devant les bêtes en sorte que celles-ci revenaient vers eux. Alors, Óláfr dit :

« Que préfères-tu, Brandr, chasser le bétail ou te tourner contre Thormódr ? » Brandr répondit : « Je choisirai le plus facile, de chasser le bétail. » Óláfr alla à l'endroit où Thormódr faisait face. Il y avait une épaisse couche de neige sur la pente. Óláfr monta aussitôt la pente en courant, contre Thormódr, qui lui fit de la place. Lorsque Óláfr fut arrivé en haut, Thormódr lui courut sus aussitôt. Óláfr résista selon ses forces. Ils luttèrent longtemps. Óláfr trouvait que Thormódr ne s'était pas adouci après la précédente raclée qu'il avait reçue. On en vint au point qu'ils tombèrent tous deux en même temps du haut de la pente et, cela fait, roulèrent l'un sur l'autre, jusqu'à ce qu'ils arrivent tous deux en bas, dans la neige. Ils avaient le dessus à tour de rôle, jusqu'à ce qu'ils parviennent sur le rivage. Il se trouva que Thormódr eut le dessous ; Óláfr saisit l'occasion et lui brisa l'échine, l'arrangea comme il lui plut, l'emporta dans la mer à la nage et le fit couler dans l'abîme. Depuis, on tient toujours cet endroit pour dangereux si l'on cingle à proximité. Óláfr nagea pour revenir à terre. Brandr avait alors remonté tout le bétail et fit joyeux accueil à Óláfr. Ils allèrent tous les deux à la maison.

Lorsque Brandr arriva chez lui, la nuit était très avancée. Thorbjörn demanda pourquoi il s'était attardé. Brandr dit ce qui s'était passé et aussi comment Óláfr l'avait assisté. Alors, Vakr dit : « Tu as eu peur, pour louer cet imbécile. Sa valeur, c'est surtout de lutter contre des revenants. » Brandr répondit : « Tu aurais eu plus peur, car tu es fort en paroles, comme le renard dans son trou ; tu ne peux en aucun cas t'égaler à lui. » Ils échangèrent des propos qui déplurent autant à l'un qu'à l'autre. Thorbjörn ordonna à Brandr de ne pas s'enflammer pour Óláfr. « Il ne te servira à rien, à toi ni à personne d'autre, de mettre Óláfr en avant de moi ou de mes parents. »

L'hiver s'écoula. Lorsque vint le printemps, Óláfr et son père, Hávardr, eurent un entretien. Hávardr dit : « Il en va de telle sorte, parent, que je ne suis plus d'humeur à habiter si près de Thorbjörn, pour la raison que nous n'avons nullement la force de nous maintenir à égalité avec lui. » Óláfr répondit : « Je ne suis guère disposé à obtenir pour toute compensation de devoir fuir devant Thorbjörn, mais je veux pourtant que tu en décides, et où veux-tu chercher ? » Hávardr répondit : « Vers la mer, le long du fjord, de l'autre côté, il y a de vastes terrains et de grandes terres, que ne possède personne. C'est là que je veux que nous érigions notre demeure et nous serons alors près de nos parents et amis. » Ce fut le parti qu'ils prirent, ils y transportèrent tout leur bien et leur bétail et les propriétés qui leur appartenaient, et ils firent là une excellente demeure. L'endroit s'appelle depuis Hávardsstadir[2]. C'étaient, en ce temps-là, les seuls boendr de l'Ísafjördr qui étaient colonisateurs[3].

CHAPITRE IV

Thorbjörn fils de Thjódrekr chevauchait chaque été jusqu'au thing avec ses hommes ; c'était un grand chef, de noble famille et à la parentèle nombreuse. En ce temps-là, Gestr fils d'Oddleifr habitait à Hagi dans les Bardaströnd ; c'était un grand sage, avisé et populaire, sachant fort prédire l'avenir et il avait grande autorité. L'été même où le père et le fils transportèrent leur résidence, Thorbjörn alla au thing et demanda en mariage la sœur de Gestr, fils d'Oddleifr. Gestr prit cette affaire à contrecœur, disant n'apprécier guère Thorbjörn en raison de son injustice et de sa tyrannie, mais comme beaucoup appuyaient la cause de Thorbjörn, Gestr mit pour condition que ce mariage se fît, que Thorbjörn lui promît en lui serrant la main[1] d'abandonner injustice et déloyauté, d'offrir à chacun ce qui lui revenait et de maintenir la loi et le droit. Mais s'il ne voulait pas accepter cela, Gestr annulerait ce mariage et proclamerait leur séparation. Thorbjörn consentit à cela et passa contrat dans ces termes. Alors, Thorbjörn quitta le thing avec Gestr pour se rendre chez celui-ci dans les Bardaströnd, et ce mariage se fit pendant l'été. Il y eut là magnifique banquet[2]. Lorsque l'on apprit cette nouvelle dans l'Ísafjördr, Sigrídr, ainsi que Thórálfr, son parent, décidèrent de convoquer les boendr et de faire estimer tout le bien que Sigrídr possédait à Laugaból. Elle alla chez Thórálfr à Lónseyrr. Lorsque Thorbjörn arriva chez lui à Laugaból, il fut extrêmement fâché que Sigrídr fût partie ; il promit de faire la vie dure aux boendr et de se fâcher contre eux pour avoir estimé le bien de Sigrídr, il devint très dur, considérant avoir encore grandi en importance par l'alliance qu'il venait de contracter.

Le bétail du bóndi Hávardr fut fort turbulent cet été-là, et un matin de bonne heure, un berger vint à la maison : Óláfr demanda comment les choses se passaient. « Il se passe, dit-il, qu'il manque quantité de moutons. Je ne peux pas et me mettre à la recherche de ceux qui manquent et garder ceux qui sont retrouvés. » Óláfr répondit : « Reste joyeux, camarade, garde ceux qui sont retrouvés et je vais chercher ceux qui manquent. » C'était devenu le plus accompli des hommes, très avenant de visage, grand et fort. Il était alors âgé de dix-huit hivers. Il prit une hache, alla ensuite vers la mer en longeant le fjord, jusqu'à ce qu'il arrive à Lónseyrr. Il vit l'endroit où le bétail était arrivé, là où il s'était déplacé. Óláfr retourna alors à la ferme. C'était un matin de bonne heure. Il frappa aux portes. Sigrídr y vint et fit bel accueil à Óláfr. Il lui rendit ses salutations. Et comme ils bavardaient depuis un moment, Sigrídr dit : « Il y a un bateau qui traverse le fjord, là-bas, et je vois nettement que c'est Thorbjörn fils de Thjódrekr et Vakr, son parent. Je vois que leurs armes sont à l'avant. Il y a là aussi Gunnlogi, l'épée de Thorbjörn : c'est de deux choses l'une, ou bien il a accompli un méfait ou bien il en a l'intention et je veux, Óláfr, que tu ne rencontres pas Thorbjörn. Les rapports ont longtemps été froids entre vous mais je crois pourtant qu'ils ne se sont pas améliorés maintenant que vous avez évalué mon bien à Laugaból. » Óláfr répondit : « Je ne crains pas Thorbjörn tant que je n'ai pas commis d'offenses contre lui. Et je ne m'enfuirai pas loin devant lui tout seul. » Elle répondit : « Voilà qui est vaillamment parlé, que toi, à dix-huit hivers, ne cherches pas à esquiver cet homme qui vaut n'importe qui en fait d'armes. Il a aussi l'épée qui ne s'arrête jamais sous le coup. Je crois aussi que, s'ils veulent te trouver comme j'en ai le pressentiment, Vakr, le méchant homme, ne restera pas à côté si vous vous battez. » Óláfr répondit : « Je n'ai rien à faire avec Thorbjörn ; je n'irai pas les trouver, mais si nous nous rencontrons, tu apprendras nouvelles de vaillance, le cas échéant. » Sigrídr répondit pour dire qu'elle n'avait pas besoin de les apprendre. Óláfr se leva rapidement et lui dit au revoir, et elle lui souhaita bonne chance.

Il descendit alors sur le banc de sable car c'est là qu'était le bétail. Thorbjörn et Vakr étaient arrivés à terre, en face de là. Óláfr descendit au bateau, le reçut et le tira, eux dedans, sur le banc de sable. Thorbjörn fit bel accueil à Óláfr. Celui-ci lui rendit ses salutations et demanda où il voulait aller. Il dit vouloir aller trouver sa sœur,

Thórdís, « et nous allons y aller tous ensemble ». Óláfr répondit : « Pas question, parce qu'il faut que je rentre mes bêtes à la maison. On aurait raison de dire que les pourchasseurs de moutons prendraient de l'importance dans l'Ísafjördr si tu t'abaissais de la sorte. — Je n'en ai cure », dit Thorbjörn. Il y avait un gros tas de bois sur le banc de sable et dessus était posé un grand bâton qui était cassé à un bout. Óláfr prit ce bâton et le tint en main, puis poussa les moutons devant lui. Ils allaient tous ensemble. Thorbjörn parlait avec Óláfr et était très joyeux. Óláfr s'aperçut que les deux autres voulaient toujours marcher derrière, mais il y prit garde et ils avancèrent tous de front et allèrent jusqu'à la colline. Là, les chemins se séparaient[3]. Alors, Thorbjörn se retourna et dit : « Parent Vakr, ce n'est pas la peine de remettre ce qui est envisagé. » Óláfr vit alors ce dont ils avaient l'intention. Il remonta la pente, et eux attaquèrent d'en bas. Óláfr se défendait avec le bâton, mais Thorbjörn frappait à coups rudes et redoublés de l'épée Gunnlogi, hachant le bâton comme si c'était de l'angélique. Ils reçurent pourtant de grands coups de ce bâton tant qu'il dura. Et quand il eut été mis en pièces, Óláfr prit sa hache et se défendit si bien qu'ils ne voyaient pas ce qu'il adviendrait d'eux. Ils furent tous blessés.

Thórdís, sœur de Thorbjörn, sortit ce matin-là où ils se battirent et entendit, mais ne put rien voir[4]. Elle envoya son domestique aux renseignements. C'est ce qu'il fit et il dit à Thórdís que Thorbjörn, son frère, Vakr, son fils, et Óláfr fils de Hávardr se battaient. Elle rentra alors et alla trouver Skarfr, son fils, lui dit cette nouvelle et lui demanda d'aller aider ses parents. Il dit : « Je suis résolu à me battre aux côtés d'Óláfr et contre eux. Je trouve aussi que c'est une honte de marcher à trois contre un, d'autant qu'ils en valent bien quatre. Je n'irai pas. » Thórdís répondit : « Je croyais que j'avais deux fils courageux. C'est vrai, ce que l'on dit, que bien des choses restent longtemps cachées. Je sais maintenant que tu es une fille plutôt qu'un fils puisque tu n'oses pas défendre tes parents. On va éprouver maintenant que je suis plus vaillante fille que tu n'es vaillant fils. » Elle s'en alla, mais il se fâcha terriblement, se leva d'un bond et empoigna sa hache. Il sortit en courant, descendit la pente et alla jusqu'à l'endroit où ils se battaient. Thorbjörn le vit et attaqua d'ardeur, mais Óláfr ne le vit pas. Et dès que Skarfr arriva à portée d'Óláfr, il lui déchargea des deux mains un coup entre les épaules, en sorte que sa hache s'enfonça profondément aussitôt. Óláfr s'était mis en devoir de frapper Thorbjörn et lorsqu'il reçut lui-même ce coup, il se retourna rapidement. Skarfr lâcha sa hache, mais Óláfr avait brandi la sienne et frappa Skarfr à la tête, si bien qu'elle s'enfonça aussitôt dans la cervelle. Sur ces entrefaites, Thorbjörn était parvenu à côté d'eux et frappa Óláfr entre les bras : cela aussi fut suffisant pour être une blessure mortelle et ils tombèrent tous les deux. Thorbjörn marcha alors sur Óláfr et le frappa en travers du visage en sorte que les dents et les mâchoires jaillirent. Vakr demanda : « Pourquoi fais-tu cela à un homme mort ? » Il dit que cela servirait encore à quelque chose. Thorbjörn prit alors un linge, y déposa les dents qu'il garda. Après cela, ils montèrent à la ferme et dirent cette nouvelle à Thórdís. Ils étaient tous les deux blessés très gravement. Elle fut extrêmement affligée de cette affaire et se lamenta d'avoir tant excité son fils. Elle leur offrit tout de même hospitalité et soins.

Ces nouvelles s'apprirent par tout l'Ísafjördr, et tout le monde trouva que la mort d'Óláfr était une très grande perte, en raison de la défense que, disait-on, il avait fournie. Thorbjörn se comporta bien en relatant exactement ce qui s'était passé et en présentant les choses à l'avantage d'Óláfr. Ils allèrent chez eux dès qu'ils estimèrent le pouvoir et se remirent de leur fatigue. Thorbjörn arriva à Lónseyrr et s'enquit de Sigrídr. On lui dit qu'on ne l'avait pas vue depuis qu'elle était sortie avec Óláfr, l'autre matin. On la chercha un peu partout et l'on dit qu'on ne la retrouva jamais plus. Thorbjörn s'en alla chez lui et resta en paix dans son domaine.

CHAPITRE V

Il faut dire maintenant que Hávardr et Bjargey apprirent cette nouvelle, la mort d'Óláfr, leur fils.

Le vieux Hávardr soupira profondément et se mit au lit. On dit aussi que, les douze mois suivants, il resta couché et ne sortit jamais de son lit. Pour Bjargey, elle prit le parti d'aller ramer en mer chaque jour avec Thórhallr, vaquant pendant les nuits aux besognes nécessaires. Cela dura ainsi cette année, et tout fut tranquille. Il n'y eut pas de poursuites légales pour le meurtre d'Óláfr. On pensa aussi qu'il était improbable que ses parents puissent parvenir à quelque redressement de sa cause, car on tenait Hávardr pour incapable de rien, on ne voyait pas que la partie pût être égale étant donné les personnes puissantes auxquelles on avait affaire, et cette année passa.

Il se fit qu'un matin, Bjargey alla trouver le vieux Hávardr et lui demanda s'il était éveillé. Il dit que oui et demanda ce qu'elle voulait. « Je veux, dit-elle, que tu te lèves et ailles à Laugaból, trouver Thorbjörn et lui demander compensation pour Óláfr, ton fils. Il serait viril de ne pas ménager ta langue pour ton fils qui n'est plus capable de rien et de dire ce qui pourrait lui être profitable. S'il se conduit bien, tu n'auras pas à être exigeant. » Il répondit : « Je ne m'attends à rien de bon, mais tu en décideras. » Après cela, le vieux Hávardr dit : « Les choses sont ainsi faites, Thorbjörn, dit-il, que je suis venu te réclamer compensation pour Óláfr, mon fils, que tu as tué alors qu'il était innocent. » Thorbjörn répondit : « Il est bien connu, Hávardr, que j'ai tué maints hommes. Bien qu'ils aient été déclarés innocents, je n'ai versé aucune compensation.

Mais comme tu avais un vaillant fils et que tu es touché de si près, je pense que le mieux serait de te donner quelque bagatelle, si petite qu'elle soit. Il y a ici un cheval en bas de l'enclos, que les gamins appellent Dött. Il est de couleur grise, décrépit par l'âge et il a mal à l'échine, il est toujours resté couché sur le dos jusqu'ici, mais on vient de lui donner des restes de foin pendant quelques jours et je crois que son état s'est amélioré. Va-t'en chez toi avec ce cheval si tu veux et prends-le pour toi. » Hávardr rougit et ne put rien répondre. Il s'en alla aussitôt, extrêmement fâché, et Vakr poussa des cris derrière lui. Hávardr descendit à sa barque, marchant tout courbé : Thórhallr avait attendu là pendant ce temps. Puis ils ramèrent jusqu'à la maison. Hávardr alla aussitôt à sa couche, se mit au lit et ne se releva jamais des douze mois suivants. On apprit tout cela et l'on estima qu'une fois encore, Thorbjörn avait manifesté son injustice et sa méchanceté par cette réponse. L'année passa.

CHAPITRE VI

En été, Thorbjörn alla au thing avec ses hommes de l'Ísafjördr. Il se fit encore, un jour, que Bjargey alla parler à Hávardr. Il demanda ce qu'elle voulait. Elle répondit : « Je crois que tu devrais aller au thing, savoir s'il y a quelque chose de changé dans ton affaire. » Il répondit : « Cela va fort contre mon gré et penses-tu que je n'aie pas été assez insulté par Thorbjörn, le meurtrier de mon fils, pour qu'il ne m'insulte pas davantage encore lorsque tous les chefs seront rassemblés ? — Ce n'est pas ainsi que ça se passera, dit-elle. Je présume qu'il y aura maintenant quelques défenseurs de ta cause et que c'est Gestr fils d'Oddleifr qui le fera. Et s'il en va comme je le présume, qu'il parvienne à effectuer des accords entre toi et Thorbjörn et que celui-ci doive te verser beaucoup d'argent, je crois qu'il fera intervenir beaucoup de monde, que l'on fera cercle autour de vous et que vous ne serez pas nombreux à l'intérieur de ce cercle quand Thorbjörn versera l'argent. Mais s'il se fait, avant que l'argent soit versé, que Thorbjörn fasse quelque chose qui soit contre ton gré ou te mette à l'épreuve, tu te hâteras de t'en aller le plus vite que tu pourras. Et si tu te sens mieux que tu ne l'espères, tu ne feras pas la paix sur cette affaire, car il faut s'attendre, même si cela est improbable, que l'on vengera Óláfr, notre fils. Mais si tu ne te sens pas mieux, tu ne quitteras pas le thing sans avoir été réconcilié, car alors il n'y aura pas de vengeance. » Il déclara ne pas savoir à quoi cela mènerait, « mais si je savais qu'il pût y avoir une vengeance pour Óláfr, mon fils, je n'aurais cure de ce qu'il faudrait que je fasse pour cela ».

CHAPITRE VII

Après cela, elle prépara le voyage de Hávardr et il alla son chemin. Le vieux était plutôt courbé et il arriva au thing. Les baraquements étaient installés et tout le monde était arrivé. Il alla à un grand baraquement : celui-ci appartenait à Steinthórr d'Eyrr, un homme puissant, un grand chef et le plus grand des héros et des champions[1]. Il descendit de cheval et entra dans le baraquement. Steinthórr y était assis, ses hommes à côté de lui. Hávardr se présenta à lui et le salua bien. Steinthórr lui rendit ses salutations et demanda qui il était. Hávardr se présenta. Steinthórr dit : « Es-tu celui qui avait un fils très renommé que tua Thorbjörn et que l'on a hautement loué pour sa défense ? » Il dit qu'il était celui-là même « et je voudrais, bóndi, que tu me permettes de rester dans ton baraquement pendant le thing ». Il répondit : « Je le permets, certes, et reste silencieux et tranquille ; les garçons sont toujours à plaisanter alors que tu as grand chagrin dans le cœur. Tu n'es pas bon à grand-chose, âgé et capable de rien. » On dit que le vieux Hávardr se trouva une place dans le baraquement, s'y coucha et ne sortit jamais de sa place. Jamais il n'évoquait son affaire auprès de personne et le thing s'avançait.

Un matin, Steinthórr alla trouver Hávardr et dit : « Pourquoi es-tu venu ici si c'est pour rester couché comme un vieillard qui s'est mis en viager[2] ou comme un impotent ? » Hávardr répondit : « J'avais eu l'intention de chercher à obtenir compensation pour Óláfr, mon fils, mais j'y répugne fort. Thorbjörn n'épargne pas les insultes et les mesquineries. » Steinthórr dit : « Suis mon conseil, va trouver Thorbjörn et défends ta cause. Je m'attends, si Gestr t'accompagne, à ce que tu obtiennes justice de Thorbjörn. » Il se leva alors et sortit, tout courbé. Il alla au baraquement de Gestr et de Thorbjörn et y entra. Thorbjörn était là, mais pas Gestr. Thorbjörn salua Hávardr et demanda pourquoi il était venu. Il répondit : « Je parviens si peu à oublier le meurtre d'Óláfr, mon fils, qu'il me semble tout récent, et la raison de ma venue est de te demander compensation pour ce meurtre. » Thorbjörn répondit : « Là-dessus, je peux donner un bon conseil, viens me voir chez moi dans le district, je ferai quelque chose pour te consoler, mais maintenant, j'ai beaucoup à faire et je ne veux pas que tu m'importunes. » Il répondit : « Si tu ne trouves pas d'issue maintenant, j'ai éprouvé que tu ne le feras pas non plus chez toi dans le district ; j'avais pensé que certains soutiendraient ma cause. » Thorbjörn dit : « Écoutez cette abomination, il a l'intention de dresser des gens contre moi. Va-t'en et ne reviens plus sur cette affaire avec moi si tu veux t'en tirer sans dommages. »

Hávardr se fâcha fort, sortit du baraquement et dit : « Nous devenons vieux, les jours sont révolus où j'aurais trouvé invraisemblable de devoir subir une telle injustice. » Alors qu'il s'en allait, des hommes vinrent à sa rencontre ; c'étaient Gestr fils d'Oddleifr et ses suivants. Hávardr était si fâché que c'était à peine s'il savait où il allait. Il ne voulut pas aller trouver ces hommes. Il alla à son baraquement. Gestr regarda cet homme qui passait à côté de lui. Hávardr alla à sa place et se coucha en soupirant. Steinthórr demanda comment cela s'était passé. Il dit les choses comme elles étaient. Steinthórr répondit : « Voilà une injustice inouïe et qui atteste belle ignominie. » Lorsque Gestr entra dans le baraquement, Thorbjörn lui fit bel accueil. Alors Gestr dit : « Qui est l'homme qui est sorti du baraquement il y a peu ? » Thorbjörn répondit : « Pourquoi poses-tu une question si étrange, homme sage. Il rentre et sort ici beaucoup plus de monde que nous ne pouvons le distinguer. » Gestr répondit : « Cet homme était différent des autres. Il était de grande taille et passablement âgé et traînait un peu la jambe, l'air des plus virils pourtant, il m'a semblé qu'il était plein de chagrin, d'inquiétude et de contrariété, il était si fâché qu'il ne prenait pas garde où il allait ; cet homme m'a paru aussi porter la chance avec lui et n'être pas facile à manier en toute circonstance. » Thorbjörn répondit : « Ça a dû être le vieux Hávardr, mon thingmadr. » Gestr demanda : « Est-ce que ce n'est pas son fils que tu as tué alors qu'il était innocent ? — Je crois bien, certes », dit-il. Gestr dit : « Comment penses-tu avoir accompli ce que tu m'as promis quand je t'ai donné ma sœur en mariage ? » Il y avait un homme qui se nommait Thorgils et que l'on appelait d'après sa mère : fils de Halla. C'était un excellent homme, et intrépide. Il était alors avec Gestr, son parent, et son renom était à son comble[3]. Gestr demanda à Thorgils d'aller chercher Hávardr et de le prier de venir. Thorgils alla au baraquement de Hávardr et lui dit que Gestr voulait le voir. Hávardr répondit : « Je n'ai pas envie d'y aller pour supporter de Thorbjörn injustice et propos éhontés. » Thorgils le pria d'y aller : « Gestr appuiera ta cause. »

Hávardr y alla, encore qu'à contrecœur. Ils arrivèrent chez Gestr. Celui-ci se leva pour aller au-devant de lui et lui fit bel accueil, l'asseyant à côté de lui. Alors, Gestr dit : « Tu vas maintenant, Hávardr, prendre les choses à leur commencement et relater tes démêlés avec Thorbjörn. » C'est ce que fit Hávardr. Ayant dit cela, Gestr demanda à Thorbjörn s'il en était à peu près ainsi. Thorbjörn déclara qu'il n'avait pas menti. Gestr dit : « A-t-on jamais entendu pareille injustice ? Il y a à choisir entre deux choses : l'une, que je rompe tout contrat, l'autre, que l'on me laisse seul trancher votre différend. » Thorbjörn accepta ce dernier parti. Alors, ils sortirent du baraquement. Gestr convoqua une quantité d'hommes qui se tinrent en cercle : dans ce cercle, quelques hommes s'étaient rassemblés qui récapitulèrent le cas. Alors, Gestr dit : « Je ne peux pas, Thorbjörn, imposer autant qu'il en vaudrait la peine, parce que tu n'en as pas les moyens. Pour le meurtre d'Óláfr, je veux imposer triple compensation[4], et pour les autres injustices que tu as faites à Hávardr et aux siens, je ferai cela pour toi, Hávardr, que tu viendras chez moi, automne et printemps, je t'honorerai de présents et te promettrai de ne jamais commettre d'actions honteuses contre toi tant que nous vivrons tous les deux. » Alors Thorbjörn dit : « J'accepte et paierai convenablement chez nous dans le district. » Gestr répondit : « Tout l'argent va être versé ici à ce thing, et bien et bravement. Je vais y contribuer pour la valeur d'une compensation. » Il fit exécuter cela sur-le-champ, tout bien payé. Alors, Hávardr s'assit et versa l'argent dans le pan de son manteau. Thorbjörn alla payer petit à petit, parvint à verser le montant d'une compensation et déclara qu'il en avait terminé avec ce qui lui incombait. Gestr lui demanda de ne pas se dérober. Thorbjörn prit alors un linge noué qu'il défit. « Assurément, il n'estimera pas que c'est mal payé si ceci s'y ajoute. » Puis il en frappa Hávardr sur le nez, en sorte qu'aussitôt le sang coula sur lui. « Voilà, dit Thorbjörn, les dents et les mâchoires d'Óláfr, ton fils. » Hávardr les vit tomber sur le pan du manteau. Il se leva d'un bond, dans une colère extrême, en sorte que les pièces d'argent volèrent de toutes parts. Il avait un bâton à la main, bondit contre le cercle d'hommes et porta son bâton sur la poitrine d'un homme qui tomba aussitôt à la renverse et resta longtemps inconscient. Hávardr bondit par-dessus le cercle d'hommes sans toucher personne et retomba plus loin, puis se rendit au baraquement comme un jeune homme. Arrivé là, il n'était en état de parler à personne, se jeta sur sa couche et resta allongé comme s'il était malade. Après cela, Gestr dit à Thorbjörn : « Tu ne ressembles à personne en fait d'injustice et de méchanceté ; je ne m'y connais pas en hommes si tu ne te repens pas un jour de cela, toi ou tes parents. » Gestr était si fâché et furieux qu'il quitta immédiatement le thing pour l'Ísafjördr et prononça le divorce de Thorbjörn et de Thorgerdr. Thorbjörn et tous ses parents trouvèrent que c'était là très grande honte mais ils ne purent pourtant rien y faire. Gestr dit qu'il devait attendre une autre honte encore pire et que ce serait plus mérité. Gestr alla dans les Bardaströnd avec sa parente, emmenant quantité d'argent.

On dit qu'après le thing, le vieux Hávardr se prépara à rentrer chez lui. Il avait les membres tout roides. Steinthórr dit alors : « Si tu as besoin, Hávardr, d'une petite aide, viens me voir. » Il le remercia, chevaucha ensuite jusque chez lui, se coucha dans son lit et y resta douze mois, pour la troisième fois. Il était alors encore beaucoup plus roide. Bjargey maintint ses façons de faire : elle allait pêcher en mer chaque jour avec Thórhallr.

CHAPITRE VIII

Un jour, en été, alors qu'ils étaient en mer, ils virent un bateau qui venait de l'intérieur en longeant le fjord. Ils reconnurent Thorbjörn et les hommes de sa maison. Alors, Bjargey dit : « Il faut saisir cette occasion : ramons au-devant de Thorbjörn. Je veux le trouver. Tu vas ramer vers l'avant de leur cotre, et moi, je vais parler un peu à Thorbjörn, tu rameras en rond autour du cotre pendant ce temps. » C'est ce qu'ils firent, ils ramèrent vers le cotre. Bjargey héla Thorbjörn, elle le salua et demanda où il voulait aller. Il dit qu'il devait aller à l'ouest dans le Vadill, « mon frère, Sturla, est arrivé en Islande avec Thjódrekr, son fils. Je vais les transporter jusqu'ici, chez moi[1] ». Elle demanda : « Combien de temps seras-tu parti, bóndi ? — Presque une semaine », dit-il. Thórhallr avait alors fait à la rame le tour du cotre. Bjargey avait un sac à la main et l'agita tout autour du cotre. Lorsqu'elle eut accompli ce qu'elle voulait, elle et Thórhallr se mirent aux rames et s'éloignèrent tant qu'ils purent[2]. Alors, Thorbjörn dit : « Misérable femme, nous allons tout de suite ramer à leur poursuite, le tuer, lui, et la mutiler, elle. » Brandr dit : « Voilà que s'avère encore ce que l'on dit de toi : tu n'épargnes rien pour faire du mal à la plupart, mais je les protégerai de tout mon pouvoir. Et tu le paieras cher. » Et à cause des représentations de Brandr et du fait que Bjargey et Thórhallr étaient parvenus loin, Thorbjörn laissa les choses en l'état et alla son chemin. Bjargey dit alors : « Cela n'est pas vraisemblable, mais mon avis est qu'Óláfr, mon fils, va être vengé. Nous ne retournerons pas à la maison. — Alors, où veux-tu aller ? » dit Thórhallr. « Nous allons, dit-elle, trouver Valbrandr, mon frère. » Il habitait à Valbrandsstadir ; il était très vieux mais ç'avait été un homme très remarquable[3]. Il avait deux fils, les plus prometteurs des hommes. L'un s'appelait Torfi et l'autre, Eyjólfr. Ils étaient alors dans leur jeune âge[4].

Ils ne s'arrêtèrent pas qu'ils ne fussent arrivés là. Valbrandr était dans son champ domestique, dehors, avec beaucoup d'hommes. Il alla au-devant de sa sœur, lui fit joyeux accueil et lui offrit de rester là, mais elle dit que cela ne lui convenait pas, « je serai chez moi ce soir ». Il demanda : « Alors, que veux-tu, sœur ? — Je voudrais que tu me prêtes tes grands filets. » Il répondit : « Voici trois filets, l'un est très ancien et il n'est plus sûr, mais il a été solide ; les deux autres sont neufs et on ne les a pas essayés. Prends ce que tu veux, deux ou trois. » Elle répondit : « Je veux les neufs, je ne veux pas me risquer à prendre le vieux, fais préparer ceux-ci quand j'enverrai les chercher. » Il dit qu'il en serait ainsi. Après cela, Bjargey et Thórhallr s'en allèrent. Alors Thórhallr dit : « Où irons-nous maintenant ? » Elle répondit : « Nous allons voir Thorbrandr, mon frère. » Il habitait à Thorbrandsstadir, il était très vieux. Il avait deux fils, jeunes. L'un s'appelait Oddr et l'autre, Thórir. C'étaient des hommes prometteurs. Lorsqu'ils arrivèrent là, Thorbrandr leur fit joyeux accueil et leur offrit de rester. Elle dit qu'elle ne le pouvait pas. « Alors, que veux-tu, sœur » dit-il. « Je voudrais, dit-elle, que tu me prêtes tes filets. » Il répondit : « J'en ai trois, l'un est fort ancien, mais deux sont neufs et n'ont pas été utilisés. Prends ce que tu veux, deux ou trois. » Elle déclara vouloir les deux neufs et ils se quittèrent ainsi. Puis ils s'en allèrent. Thórhallr demanda : « Où irons-nous maintenant ? — Maintenant, dit-elle, nous irons trouver le vieil Ásbrandr, mon frère. » Il habitait à Ásbrandsstadir, c'était l'aîné des frères[5]. Il avait épousé une sœur du vieux Hávardr. Il avait un fils qui s'appelait Hallgrímr ; il était dans son jeune âge, mais à la fois grand et fort, non avenant de visage et pourtant viril. Lorsque Bjargey arriva là, Ásbrandr lui fit joyeux accueil et lui demanda de rester. Elle dit qu'elle devait être chez elle le soir. Il demanda : « Alors, que veux-tu, tu viens tout de même rarement trouver tes parents. — La raison de ma venue est petite, dit-elle, nous sommes bien dépourvus d'instruments pour couper la tourbe et je voudrais bien que tu me prêtes tes pelles à tourbe. » Il répondit en souriant : « En voici deux, dont une grande, toute rouillée, ancienne et ébréchée, bonne à rien à présent ; l'autre est neuve et grande et on ne s'en est pas encore servi. » Elle déclara qu'elle voulait la neuve « quand je l'enverrai chercher ». Il lui répondit de faire à son gré. Puis Bjargey et Thórhallr s'en allèrent chez eux à Hávardsstadir le soir.

CHAPITRE IX

Quelques jours s'écoulèrent jusqu'à ce qu'elle estime que Thorbjörn allait arriver de l'ouest. Un jour, elle alla au lit de Hávardr et demanda s'il dormait. Il s'assit et déclama une vísa :

2. *Point n'est venu sur mes yeux*
Le sommeil depuis —
Le valeureux pointeur d'estoc
Du ski de la vague est mort
En moi sous les pointes des épées —
Que les arbres du sol de la charogne
Déchaînèrent rude bataille des glaives
Eux qui abattirent Óláfr innocent[1].

« Il est certain, dit-elle, que c'est un très grand mensonge que tu n'aies jamais dormi pendant trois années, pourtant, il s'agit maintenant de se lever et de se montrer des plus vaillants si tu veux venger Óláfr, ton fils, car il ne sera pas vengé de ton vivant si ce n'est cette nuit. » En entendant ses propos, il se leva d'un bond de son lit, s'avança dans la pièce et déclama cette vísa :

3. *Ne m'est pas facile encore*
Dans ma vieillesse de parler
De mes hauts faits
— Que l'on m'accorde bienveillant silence —
Depuis que j'ai vu abattu à terre
Le Njördr des armes, mon fils,
Vaillant soutien de ma force
Qui est en vérité terrassé[2].

Hávardr était des plus actifs et marchait sans difficultés. Il alla à un grand coffre : il était plein d'armes, il l'ouvrit, prit un heaume qu'il se mit sur la tête, et passa une forte broigne. Alors, il leva les yeux et vit qu'une mouette volait devant la lucarne. Il déclama cette vísa :

4. *Éclaboussée de grêle croasse*
La mouette de la vague du tas de cadavres
Quand elle arrive à la mer de la charogne ;
Épuisée elle exige provende matinale ;
Ainsi criait le faucon de Gunnr
Lorsque les nourrisseurs de la bataille
Étaient voués à mort, alors que les coucous
Des ruses de Gautr prophétisaient[3].

Il s'arma rapidement et agilement ; il équipa également Thórhallr de bonnes armes. Lorsqu'ils furent prêts, il se tourna vers Bjargey et l'embrassa, disant ne pas savoir quand ils se retrouveraient. Elle lui souhaita bon voyage. « Pas la peine de t'exciter à venger Óláfr, notre fils, car je sais que l'ardeur et la vaillance t'accompagnent. » Après cela, ils se quittèrent.

Ils descendirent jusqu'à la mer, lancèrent une barque à six rames et se mirent aux rames, ne s'arrêtant pas qu'ils ne fussent arrivés devant la ferme de Valbrandr. Il y avait là une longue pointe de grève qui s'avançait dans la mer ; ils mouillèrent là leur barque. Hávardr ordonna à Thórhallr de garder la barque, et lui, monta à la ferme. Il avait une lance à la main. C'était une arme excellente. Lorsqu'il arriva dans le pré, le père et ses fils étaient là. Les frères avaient enlevé leurs habits et mettaient en meules le foin du pré clos. Ils avaient ôté leurs chaussures qu'ils avaient posées dans le champ à côté d'eux : c'étaient des chaussures hautes. Valbrandr alla au-devant de Hávardr et lui fit bel accueil, lui offrant de rester là. Il déclara qu'il ne le pouvait pas, « je suis venu chercher tes filets que tu as prêtés à ta sœur ». Valbrandr alla à ses fils et dit : « Voici venu Hávardr, votre parent par alliance, et il est équipé comme lorsque l'on a l'intention d'accomplir quelque grande entreprise. » En entendant cela, ils jetèrent leurs rateaux et coururent à leurs habits[4]. Mais lorsqu'ils durent prendre leurs chaussures, elles s'étaient racornies sous l'éclat du soleil. Ils les enfilèrent au plus vite, si bien que la peau de leurs talons se détacha aussitôt et quand ils arrivèrent à la maison, leurs chaussures étaient pleines de sang. Valbrandr remit à ses fils de bonnes armes et dit : « Secondez bien Hávardr, pensez plus à la vengeance qu'à ce qui suivra. »

Après cela, ils allèrent à Thorbrandsstadir. Oddr et Thórir également furent vite prêts. Ils allèrent alors, jusqu'à ce qu'ils arrivent à Ásbrandsstadir. Là, Hávardr réclama la pelle à tourbe. Hallgrímr, son parent, se prépara à faire l'expédition avec lui. On nomme un homme, Ánn. Il était de la maison d'Ásbrandr, il y travaillait comme domestique. Il était frère adoptif de Hallgrímr et s'équipa pour faire l'expédition avec eux. Lorsqu'ils furent prêts, ils allèrent à l'endroit où était la barque. Thórhallr leur fit joyeux accueil. Ils étaient huit en tout, chacun plus martial que les autres. Alors, Hallgrímr dit à Hávardr, son parent : « Pourquoi es-tu parti de chez toi, parent, sans avoir ni épée ni hache ? » Il répondit : « Si la chance veut que nous trouvions Thorbjörn fils de Thjódrekr, tu parleras autrement après que nous l'aurons quitté, car je me destine l'épée Gunnlogi qui est la meilleure des armes. — Bien dit ! » lui répondirent-ils. « Il importe extrêmement que nous nous en tirions virilement. » C'était fort tard dans la journée. Ils poussèrent la barque, y montèrent et se mirent aux rames. Ils virent alors une grande bande de corbeaux qui volaient devant eux et au-dessus de la pointe de gravier qui se trouvait en face. Hávardr déclama cette vísa :

5. *Accomplir je pense la promesse que je fis*
De donner de la graisse à la mouette d'Yggr ;

La sterne du flot des blessures
Vole affamée au-dessus du gravier ;
Je sais, Hallgrímr, que nous écherra
À tous la chance de ce voyage ;
Cela est bienvenu, j'entends le son
De l'exultation bruyante des glaives[5].

Ils traversèrent le chenal, le vent était très vif dans le fjord et ils essuyèrent des bourrasques de face. Ils souquèrent vaillamment et allèrent tout d'une traite jusque devant Laugaból[6]. Il était facile de mouiller là, car Thorbjörn y avait fait faire un bon port. Il avait fait déblayer et nettoyer tout le passage jusqu'à l'intérieur des terres. Il y avait là des eaux très profondes jusqu'au rivage. On pouvait y laisser à flot un cotre ou un bateau plus grand si l'on voulait. On avait également enterré là de grosses poutres pour y placer les rondins[7], les extrémités fixées par des pierres. Il n'y avait aucun risque de se mouiller, que ce fût pour descendre de bateau ou pour y monter et qu'il s'agît d'un petit ou d'un grand bateau. En montant, il y avait une haute barrière de galets. En bas de cette barrière, se trouvait un grand hangar à bateaux, à portail, bien entouré. De l'autre côté, il y avait une grande lagune en bas de la barrière. Depuis le hangar à bateaux, on ne voyait personne sur le rivage, mais depuis la barrière de galets, on pouvait voir à la fois le hangar à bateaux et le rivage[8].

Lorsqu'ils arrivèrent à terre, ils sautèrent de la barque. Alors, Hávardr dit : « Maintenant, nous allons monter la barque au-dessus de la barrière, dans la lagune. Nous allons nous placer au-dessus de la barrière pour qu'ils ne puissent pas nous voir tout de suite. Ne soyons pas trop ardents non plus à fondre sur la proie. Que personne ne se lève avant que je le dise. » Il faisait fort sombre.

CHAPITRE X

Il faut dire maintenant que Thorbjörn et ses camarades s'en vinrent de l'ouest, à dix, dans un cotre. Étaient là Sturla et Thjódrekr, son fils, Thorbjörn et Vakr, Brandr le Fort et deux domestiques. Ils avaient lourdement chargé le cotre. Ce même soir, ils arrivèrent à Laugaból, avant qu'il fît noir. Thorbjörn dit alors : « Nous allons agir sans précipitation, nous allons laisser le cotre au mouillage ici cette nuit et ne rien emporter hormis nos habits et nos armes ; le temps est bon et sec. Tu vas, Vakr, monter nos armes. » Il prit d'abord leurs épées et leurs lances et les monta au hangar à bateaux. Alors, Torfi fils de Valbrandr dit : « Emparons-nous d'abord de leurs épées et de celui qui les accompagne. — Restons tranquilles encore », dit Hávardr. Il demanda à Hallgrímr d'aller prendre l'épée Gunnlogi et de la lui apporter. Et lorsque Vakr descendit, Hallgrímr courut prendre l'épée et la remit à Hávardr. Il la brandit et secoua la poignée. Vakr monta une deuxième fois, il avait chargé les boucliers sur son dos et entassé les casques sur son avant-bras ; il avait son heaume sur la tête. Lorsqu'il fut arrivé en haut de la lagune, ils se levèrent d'un bond, dans l'intention de s'emparer de lui. En entendant le bruit qu'ils faisaient, il comprit qu'il allait y avoir hostilités, il voulut revenir précipitamment vers les siens avec les armes. Mais comme il avait réagi brutalement, il glissa près de la lagune, si bien qu'il tomba la tête la première. Le sol était détrempé, l'eau, peu profonde, mais l'homme était lourd du poids de toutes les armes. Aussi ne put-il se relever et aucun des autres ne voulut l'aider : la vie de Vakr se termina de telle sorte qu'il mourut là. Ce que voyant, Hávardr et les siens descendirent en courant la barrière de galets. Lorsque Thorbjörn vit cela, il se jeta à l'eau aussitôt et s'éloigna de la côte à la nage. Le vieux Hávardr fut le premier à voir cela, il se dépêcha de se jeter à l'eau pour poursuivre Thorbjörn. On dit que Brandr le Fort bondit et arracha un rondin — c'était une grosse côte de baleine — et en assena un coup sur la tête du frère adoptif de Hallgrímr. Ce dernier était arrivé en bas des galets et vit tomber Ánn. Il bondit, hache brandie, frappa Brandr à la tête et la lui fendit jusqu'aux épaules, au moment même où Thorbjörn et Hávardr sautaient à l'eau. Ce que voyant, il se mit aussitôt à leur poursuite. Torfi fils de Valbrandr courut sus à Sturla. Il était à la fois grand et fort et meilleur aux armes que quiconque. Il avait aussi toutes ses armes. Ils se battirent longtemps et bravement.

CHAPITRE XI

Il faut reprendre le récit là où étaient Thorbjörn et Hávardr. Ils s'éloignèrent de la côte à la nage. Il y avait un long chenal, jusqu'à ce que Thorbjörn arrive à un rocher qui se trouve là, devant[1]. Quand il parvint au rocher, Hávardr survint. Ce que voyant, Thorbjörn, qui était sans armes, empoigna une grosse pierre et voulut la lui précipiter sur la tête. Lorsque Hávardr vit cela, il lui revint en tête qu'il avait entendu dire dans les pays étrangers que l'on y prêchait une autre religion que dans les pays du Nord, et il pensa qu'au cas où quelqu'un pourrait lui dire que cette foi était meilleure et plus belle, il le croirait s'il remportait la victoire sur Thorbjörn[2]. Après cela, il se dirigea le plus rudement qu'il put sur le rocher. Et au moment où Thorbjörn voulait jeter la pierre, il perdit pied, il glissa sur les cailloux et tomba à la renverse tandis que la pierre lui tombait sur le bas de la cage thoracique, et il en eut le souffle coupé. Sur ce, Hávardr parvint sur le rocher et transperça aussitôt Thorbjörn de l'épée Gunnlogi. Hallgrímr était alors arrivé sur le rocher. Hávardr déchargea à Thorbjörn un coup en travers du visage, lui fendit la denture et les mâchoires qu'il fracassa. Hallgrímr demanda pourquoi il agissait ainsi envers un homme mort. Hávardr répondit : « C'est ce que j'avais dans l'idée quand Thorbjörn me lança son baluchon dans le nez. Les dents et les mâchoires qu'il avait tranchées à Óláfr, mon fils, avec la même épée, tombèrent alors. » Puis ils nagèrent jusqu'à la côte. Les gens qui discutèrent de cela ensuite trouvaient que Hallgrímr s'était comporté vaillamment en se mettant à la nage dans le fjord sans savoir qu'il y avait ce rocher vers le large ; c'était tout de même une très longue nage.

Lorsqu'ils arrivèrent à terre, tout y était tranquille. Mais quand ils parvinrent aux galets, un homme fondit sur eux, hache brandie. Il était en cape bleue et en braies. Ils se portèrent contre lui et quand ils se rencontrèrent, ils reconnurent Torfi fils de Valbrandr et lui firent joyeux accueil. Torfi demanda si Thorbjörn était mort. Hávardr déclama une vísa :

6. *J'ai pourfendu les mâchoires du sorbier*
De la rencontre des lunes du fracas du métal ;
J'ai assené un horion
Dans l'œil de l'homme à l'arc ;
D'autre part je ne vis pas que la pointe
Du baudrier aux gardes annelées cédât ;
Gunnlogi s'abattit et je vis
Le rude trublion de Gunnr tomber[3].

Hávardr demanda ce qu'ils avaient fait. Torfi dit que Sturla et ses domestiques étaient tombés « et Ánn est mort ». Hávardr déclama une vísa :

7. *Nous en avons promptement abattu quatre*
De ceux qui firent mourir ensanglanté
Le fils de Bjargey ;
C'est, je le tiens, butin pour nous ;
Hallgrímr dit qu'un de nos hommes
Est tombé ; l'Eir des lances
Était gonflée de chagrin,
Le serviteur fut assommé près des rondins[4].

Ils montèrent au hangar à bateaux. Leurs camarades étaient là et leur firent bel accueil. Eyjólfr fils de Valbrandr demanda alors s'il ne fallait pas tuer les esclaves. Hávardr déclara qu'Óláfr ne serait pas vengé davantage s'ils tuaient les esclaves : « Qu'ils restent ici cette nuit et qu'on les garde pour qu'aucun ne vole des épaves. » Hallgrímr demanda ce qu'ils devaient faire. Hávardr répondit : « Nous allons prendre le cotre et tout ce qui nous paraît profitable, nous diriger sur Mánaberg et trouver Ljótr le Champion. Il y aurait quelque vengeance à tirer d'hommes comme lui si l'occasion s'en présentait[5]. » Ils prirent donc le cotre et beaucoup d'objets précieux qui avaient appartenu aux parents, ramèrent vers le large en suivant le fjord et arrivèrent à Mánaberg. Alors, Hávardr dit : « Maintenant, il faut agir avec discernement. Ljótr est sur ses gardes. Il a toujours maintes querelles en cours. Il fait veiller sur lui, en armes, toutes les nuits. Il couche chaque nuit dans un lit clos. Il y a un souterrain sous le plancher de son lit, l'autre bout du souterrain est derrière la maison. Il a aussi beaucoup d'hommes chez lui. » Torfi fils de Valbrandr dit : « Mon avis est que nous mettions le feu à la ferme[6] et que nous brûlions tout le monde à l'intérieur. » Hávardr déclara qu'il n'en serait pas ainsi, « toi et Hallgrímr, ton parent, vous allez monter sur la maison et surveiller l'ouverture du souterrain par laquelle on peut sortir ; c'est à vous que je fais le plus confiance pour cela. Il y a ici aussi deux portes à l'avant de la ferme ; la skáli aussi a deux portes. Eyjólfr et moi, nous allons entrer par une porte et les frères, Oddr et Thórir, par l'autre, puis nous pénétrerons dans la skáli ; toi, Thórhallr, tu vas garder le cotre ici et tu le défendras bravement si c'est nécessaire. » Quand il eut assigné un poste à chacun, selon son gré, ils allèrent à la ferme. Il y avait une grande remise dans le pré clos, un homme en armes siégeait au pied du mur. Lorsqu'ils furent presque arrivés, il vit des hommes, se leva d'un bond et courut avertir de leur venue. Hallgrímr marchait en tête des camarades ; il lui décocha sa lance qui le transperça près du mur. Il mourut là aussitôt, de ce coup de lance. Après cela, ils allèrent à l'endroit qu'ils avaient envisagé. Torfi et Hallgrímr allèrent là où l'on pouvait sortir de la ferme par le souterrain.

CHAPITRE XII

On dit que Hávardr pénétra dans la skáli. Une lumière y brûlait, le haut de la salle était éclairé mais le bas était obscur. Il alla aussitôt au lit clos. Il se trouvait que la maîtresse de maison ne s'était pas encore mise au lit, elle était dans la salle avec quelques femmes. Donc, le lit clos n'était pas verrouillé. Hávardr frappa la porte du plat de l'épée. Ljótr se réveilla et demanda qui faisait ce vacarme. Le vieux Hávardr se nomma. Ljótr dit alors : « Pourquoi es-tu ici, bonhomme Hávardr ? On nous a dit l'autre jour que tu étais à la mort. » Hávardr répondit : « Tu apprendras d'abord mort d'autres. Je peux te dire le meurtre de tes frères, Thorbjörn et Sturla. » En entendant cela, Ljótr se leva d'un bond et décrocha une épée qui était pendue au-dessus de lui. Ljótr ordonna à ses hommes, dans la skáli, de se lever et de prendre leurs armes. Alors Hávardr sauta dans l'alcôve et assena un horion à Ljótr sur l'épaule gauche, mais Ljótr réagit brutalement, l'épée ressortit de l'épaule, lui écorcha tout le bras et le lui trancha à la hauteur du creux du coude. Ljótr bondit de sa place, l'épée brandie et voulut décharger un coup à Hávardr. Eyjólfr était arrivé alors, il le frappa à l'épaule droite et trancha le bras, et ils abattirent Ljótr. Il y avait grand tumulte dans la skáli. Les domestiques de Ljótr voulurent se lever et prendre leurs armes.

Les fils de Thorbrandr étaient entrés. Les gens reçurent çà et là des égratignures. Hávardr demanda alors aux domestiques de rester tranquilles, de ne pas faire les méchants « sinon, nous allons vous tuer les uns après les autres ». Ils estimèrent que le mieux était de rester couchés parfaitement tranquilles. Ljótr fut regretté de peu de gens bien qu'ils eussent habité chez lui. Après cela, ils sortirent. Hávardr ne voulait pas en faire davantage. Ils tombèrent alors sur Torfi et Hallgrímr qui voulaient entrer et qui demandèrent ce qui s'était passé. Hávardr déclama une vísa :

8. *Le fils de Geirdís s'avança promptement*
Quand il attaqua les buissons de l'éclat de Sudr ;
J'appris qu'il brandit une épée acérée :
Eyjólfr se rappelait encore,
Le Baldr des lances, le jeu
Précédent des estocs contre les hommes
Et de revaloir au buisson de la bataille
Une compensation méritée[1].

Puis ils descendirent au cotre et Thórhallr leur fit de belles salutations. Torfi fils de Valbrandr demanda alors ce qu'il fallait faire maintenant. « Il faut maintenant chercher quelque protection. Bien que la vengeance ne soit pas aussi grande que je le voudrais, nous allons tout de même avoir besoin de l'aide d'autrui après cette action, il y a encore beaucoup de parents de Thorbjörn qui sont de grande valeur. Le mieux à faire me paraîtrait d'aller trouver Steinthórr d'Eyrr ; c'est lui surtout qui m'a requis de venir le voir si j'étais dans le besoin. » Ils le prièrent tous d'aviser et dirent qu'ils feraient ce qu'il voudrait, et qu'ils ne le quitteraient pas avant qu'il n'eût trouvé un parti à adopter. Après cela, ils prirent le large dans le fjord. Ils se mirent à souquer sur les rames et Hávardr s'assit à la barre. Alors, Hallgrímr prit la parole pour demander à Hávardr de déclamer quelque vísa. Hávardr déclama alors cette vísa :

9. *Nous avons tous ensemble, Hallgrímr,*
Revalu aux fils de Thjódrekr
Leur grande haine ;
Je ne me repens point de ces meurtres ;
Les Njördr qui souhaitaient la pluie de l'estoc
Furent tués pour raisons suffisantes ;
Je sais que la vengeance pour Thorbjörn
Sera dirigée contre le dévastateur de la nation[2].

CHAPITRE XIII

Il n'y a rien à dire de leur voyage avant qu'ils ne fussent arrivés à Eyrr. C'était au moment de la journée où Steinthórr était à table avec ses hommes. Ils entrèrent dans la salle, en armes, à quatre en tout. Hávardr se présenta devant Steinthórr et le salua. Steinthórr lui rendit ses salutations et demanda qui il était. Il déclara s'appeler Hávardr. « Est-ce toi qui étais dans notre baraquement l'été dernier ? » Il dit que oui. Steinthórr dit : « Avez-vous vu homme plus différent, garçons, que celui-là tel qu'il est maintenant, et était-ce bien lui ? Il m'avait paru qu'il pouvait à peine circuler sans bâton entre les baraquements, il nous avait semblé presque grabataire parce qu'il était mis fort à l'épreuve, et voilà que cet homme me paraît des plus vaillants sous les armes, et as-tu quelques nouvelles à dire ? » Hávardr répondit : « Nous disons le meurtre de Thorbjörn fils de Thjódrekr et de ses frères, Ljótr et Sturla, et de Brandr le Fort : en tout, de sept hommes[1]. » Steinthórr répondit : « Voilà de grandes nouvelles, et qui a fait cela : abattre un très grand champion et de puissants hommes ? » Hávardr prit la parole et dit que c'étaient lui et ses parents qui l'avaient fait. Steinthórr demanda où Hávardr avait l'intention de chercher du secours après un tel haut fait. Hávardr répondit : « J'ai pensé, comme je suis en train de le faire, solliciter cela de toi. Il m'a semblé que tu disais, l'été dernier au thing, que si j'avais besoin d'une petite aide, je ne devrais pas moins aller te trouver que les autres chefs. » Steinthórr répondit : « Je ne sais pas quand tu auras besoin d'une grande aide si c'est d'une petite que tu as maintenant besoin, mais tu peux penser que si je me montrais lent maintenant à le faire, je ne serais pas un bon hôte, alors que le besoin est urgent. Et c'est bien ce que l'on va faire. Je veux t'offrir, Hávardr, de rester ici avec tes camarades jusqu'à ce que ton affaire soit réglée. Je veux promettre aussi de redresser votre cause car il me paraît, à vous voir, que celui-là aura le meilleur lot qui vous accueillera, et il n'est pas certain que l'on trouve des hommes aussi vaillants que vous. Étant donné les circonstances de cette affaire, les choses se sont passées comme on pouvait s'y attendre, et au-delà. » Alors, Hávardr déclama une vísa :

10. *Voici l'occasion de s'avancer*
Pour les arbitres du soleil du fjord
Qui veulent assister le dompteur
Du cheval du feu du sillage ;
On dit que la peau des gens de l'Ísafjördr,
Leur forte magnificence,
A été abattue sans pitié
Par le glaive des innocents[2].

Ils remercièrent Steinthórr de son offre magnifique. Il ordonna de leur prendre leurs habits et leurs armes et de leur donner des vêtements secs. Lorsque Hávardr enleva son heaume et se débarrassa de sa broigne, il déclama une vísa :

11. *Les guerriers riaient*
Et se gaussaient
De ma cause ;
Ils expieront la mort
De mon fils ; à présent le vent siffle
Différemment parmi les rochers de la mer

Depuis que les éhontés
Furent occis par l'épée.

Steinthórr pria Hávardr d'aller au banc et de s'asseoir en face de lui « et place tes camarades auprès de toi ». C'est ce que fit Hávardr, il plaça Hallgrímr, son parent, à côté de lui vers le fond de la salle, et à côté de Hallgrímr, Thórir et Oddr, fils de Thorbrandr, et en revenant vers la porte à côté de Hallgrímr s'assirent Torfi et Eyjólfr, fils de Valbrandr, puis Thórhallr, puis les gens de la maison de Steinthórr. Au moment où ils s'asseyaient, Hávardr déclama une vísa :

12. *Hallgrímr, nous attendrons*
Le poltron calmement —
Je me satisfais de dire les choses comme elles sont,
Je me prépare au pis ;
Mais les crimes que nous commîmes
Tomberont à plat sans compensation ;
Je voudrais ne jamais payer
Compensation à ces gardiens des lances[3].

Alors Steinthórr dit : « Il est clair à t'entendre, Hávardr, que la plupart des choses se passent selon ton gré, et qu'il en serait de même s'il n'y avait pas de poursuites légales pour des hommes aussi braves et puissants que l'étaient tous ces parents, tant sont importants les hommes à qui reviennent les poursuites. » Hávardr déclara qu'il ne pensait pas aux poursuites. Il dit que désormais, c'en était fini de ses chagrins ou de l'affliction de son cœur et qu'il ne se souciait pas que son affaire tourne bien. Il était joyeux et content avec tout le monde comme s'il eût été jeune.

Ces nouvelles s'apprirent un peu partout, et on les trouva tout à fait invraisemblables. Ils restèrent donc à Eyrr chez le bóndi Steinthórr. Il n'y manquait pas de monde ni de liesse. Il y avait là pas moins de soixante hommes en état de porter les armes. Laissons-les maintenant, siégeant chez Steinthórr à Eyrr en grande liesse et à grands frais.

CHAPITRE XIV

Il y avait un homme qui s'appelait Ljótr. Il habitait le Raudasandr. On le surnommait Ljótr le Duelliste[1]. Il était à la fois grand et fort, et très grand duelliste. C'était un frère de Thorbjörn fils de Thjódrekr. On dit que Ljótr était un homme extrêmement injuste et qu'il enfonçait sa hache dans la tête de quiconque ne voulait pas lui abandonner ce qu'il voulait, personne ne conservait sa liberté devant lui, là dans le Raudasandr et un peu partout ailleurs.

Il y avait un homme qui s'appelait Thorbjörn. Il habitait l'endroit qui s'appelle Eyrr. Il était riche de biens, fort avancé en âge et il n'avait pas le caractère d'un homme puissant. Il avait deux fils. L'un s'appelait Grímr et l'autre, Thorsteinn[2]. On dit que Ljótr et Thorbjörn possédaient en commun une prairie drainée ; c'était une propriété de grande valeur. Il avait été stipulé que chacun l'aurait à tour de rôle. Coulait en bas de la ferme de Ljótr un ruisseau qui débordait sur cette prairie au printemps. Il y avait dans ce ruisseau des digues bien aménagées. Il se faisait toujours, quand c'était à Thorbjörn d'avoir la prairie, qu'il n'obtenait jamais le ruisseau et il arriva que Ljótr fit dire en substance que Thorbjörn n'avait rien à y faire et qu'il n'oserait pas se l'approprier. En entendant cela, Thorbjörn comprit que Ljótr ferait ce qu'il avait promis. Il y avait peu de distance entre leurs fermes.

Un jour, ils se rencontrèrent, Thorbjörn demanda si Ljótr avait l'intention de lui prendre la prairie. Ljótr répondit pour lui ordonner de ne pas ajouter un mot, « il ne te servira pas plus qu'aux autres de te plaindre de ce que je veux faire. C'est de deux choses l'une : ou bien tu te contentes de ce que je veux faire, ou bien je te chasse de tes propriétés ; tu n'auras ni la prairie ni autre chose ». Une fois instruit de l'injustice de Ljótr, et comme il avait de l'argent en quantité, Thorbjörn acheta la prairie au prix que fixa Ljótr, il donna pour cela vingt cents sur-le-champ et ils se quittèrent là-dessus. Quand les garçons apprirent cela, ils en furent très mécontents, déclarant que c'était très grande spoliation de son héritage que de payer ce qui lui appartenait déjà. On apprit cela un peu partout. Les gens trouvèrent qu'une très grande injustice avait eu lieu. Les frères gardaient le bétail de leur père ; Thorsteinn avait douze hivers et Grímr, dix.

Un jour, au début de l'hiver, les frères allèrent à la bergerie. Il y avait eu grand vent et ils voulaient savoir si tout le bétail était rentré. Cela coïncida avec le fait que, le matin, Ljótr était allé voir ce qui s'était échoué sur son rivage. C'était un homme fort actif sur son domaine. Au moment où les garçons étaient arrivés à la bergerie, ils virent Ljótr remonter de la mer. Alors, Thorsteinn dit à Grímr, son frère : « Vois-tu Ljótr le Duelliste qui remonte de la mer ? — Pourquoi ne le verrais-je pas ? » dit Grímr. Alors, Thorsteinn dit : « Ce Ljótr nous fait grande injustice, à nous et à beaucoup d'autres, et j'aurais bien envie de me venger si je pouvais. » Grímr dit : « C'est stupidement parler que de dire que tu ferais preuve de quelque méchanceté envers un champion comme Ljótr qui a plus de valeur que quatre ou cinq autres, tout adultes qu'ils soient, et il n'est pas à la portée d'enfants. » Thorsteinn répondit : « Ce n'est pas la peine de me dissuader. Je vais attaquer tout de même ; pour toi, tu ressembleras à ton père et voudras te faire dévaliser par Ljótr comme beaucoup d'autres. » Grímr répondit : « Puisque tu as cela en tête, parent, tu tireras peu de profit de moi, mais je vais t'assister selon mon pouvoir, quel qu'il soit. — Tu agis bien, dit Thorsteinn, et il se pourrait que les choses se passent au gré des circonstances. » Ils avaient des hachettes à la main, petites et acérées. Ils se mirent donc à attendre que Ljótr arrive à la bergerie.

Il passa rapidement près d'eux, il avait une grande hache à la main. Il alla son chemin et fit mine de ne pas voir les garçons. Quand il arriva à côté d'eux, Thorsteinn assena un coup sur l'épaule de Ljótr. La hache ne mordit pas mais le coup était si fort que le bras se déboîta. En voyant que les garçons voulaient le provoquer, il fit volte-face et leva sa hache dans l'intention d'en frapper Thorsteinn. Mais au moment où il brandissait sa hache, Grímr bondit et trancha le bras de Ljótr au-dessus du poignet. La main tomba avec la hache. Ils frappèrent alors à coups redoublés et, tout invraisemblable que ce soit, on dit qu'ils abattirent là Ljótr le Duelliste et ne furent pas blessés. Ils l'enterrèrent dans la neige et s'éloignèrent. Lorsqu'ils arrivèrent à la maison, leur père était dehors, aux portes, et demanda pourquoi ils étaient en retard et pourquoi leurs habits étaient ensanglantés. Ils dirent le meurtre de Ljótr. Il demanda si c'étaient eux qui l'avaient tué. Ils dirent que oui. Alors, il dit : « Allez-vous-en malheureux, vous avez commis l'acte le plus malencontreux, tué un homme de haut rang et notre chef. Ce que vous avez accompli là fera que je vais être expulsé de toutes mes propriétés et de tout ce que je possède, et vous, vous serez tués et c'est très bien. » Thorbjörn s'enfuit alors et sortit de la ferme. Grímr dit : « N'ayons jamais plus rien à faire avec ce vieux sorcier ridicule qui se conduit si vilainement et ce n'est pas un pauvre hère de l'espèce ordinaire, à voir comment il se comporte ! » Thorsteinn répondit : « Allons le voir, car je soupçonne qu'il n'est pas aussi fâché qu'il s'en donne l'air. » Après cela, ils allèrent le trouver. Thorbjörn leur parla volontiers et leur demanda de l'attendre là. Il rentra à la maison et fut absent un petit moment. Il revint avec deux chevaux bien équipés. Il leur dit alors de monter en selle, « je veux vous envoyer à Eyrr chez Steinthórr, mon ami[3]. Demandez-lui de vous recevoir. Voici un anneau d'or, un objet de grand prix, que vous lui donnerez. Il a souvent exprimé le désir de l'avoir, sans jamais l'obtenir, on va s'en séparer maintenant, étant donné que vous êtes dans le besoin ». Après quoi, le vieux embrassa ses fils, leur dit au revoir et souhaita les retrouver sains et saufs.

On ne parle pas de leur voyage avant qu'ils arrivent à Eyrr. C'était un jour, de bonne heure. Ils allèrent à la salle, elle était toute tendue de tapisseries et les deux bancs étaient occupés. Amusements bruyants et joie ne manquaient pas. Ils se présentèrent devant Steinthórr et le saluèrent bien. Il leur rendit leurs salutations. Il demanda qui ils étaient. Ils dirent leur nom et celui de leur père. Alors Thorsteinn dit : « Voici un anneau que mon père t'envoie avec ses salutations, en demandant que tu nous accordes de passer ici l'hiver ou plus longtemps, au cas où nous en aurions besoin. » Steinthórr prit l'anneau et dit : « Avez-vous quelque nouvelle à dire ? » Ils dirent le meurtre de Ljótr et ajoutèrent que c'étaient eux qui l'avaient tué. Steinthórr répondit : « Voilà encore une chose merveilleuse, que deux jeunes garçons aient mis à mort un champion comme l'était Ljótr, et quelle était l'offense ? » Ils la dirent, telle qu'ils la considéraient. Steinthórr dit : « Mon avis est que vous alliez vous présenter à Hávardr, le vieil homme chenu qui est assis en face de moi ; demandez-lui s'il veut vous prendre avec lui dans sa suite, ou non. » C'est ce qu'ils firent, ils allèrent se présenter à Hávardr qui leur fit bel accueil et demanda les nouvelles en faisant mine de ne pas les avoir entendues, et ils les lui dirent par le menu. Lorsqu'ils eurent terminé leur discours, Hávardr se leva d'un bond, alla vers eux et déclama une vísa :

13. *Agréables me fûtes par ce meurtre ;*
Soyez réconfort au pin du glaive ;
Je vous souhaite bien des soleils encore,
Buissons redoutables ;
C'est grande liesse pour moi
Que de savoir cet homme tombé sur Hlín ;
Puissent les gens de l'ouest apprendre
La plupart de ces paroles nocives à nos ennemis[4].

Hávardr plaça les frères près de lui sur le banc, en revenant vers la porte. Ils restèrent là, contents et joyeux. Cette nouvelle s'apprit par tout le Raudasandr et un peu partout ailleurs. On trouva Ljótr, mort, en bas du mur. On alla trouver Thorbjörn et on le questionna. Thorbjörn ne nia pas que c'étaient ses fils qui l'avaient tué. Et comme Ljótr était impopulaire par le Raudasandr, et que Thorbjörn déclara avoir mal pris la chose et les avoir chassés, ce qu'attestèrent aussi les gens de sa maison, il n'y eut pas de poursuites légales pour cette fois. Thorbjörn resta tranquille dans son domaine.

CHAPITRE XV

Il faut reprendre là où ils étaient tous ensemble à Eyrr, bien traités. C'était très onéreux pour Steinthórr, tant il avait de monde chez lui ; il fallait faire de grandes dépenses étant donné la magnificence qu'il déployait. Il y avait un homme qui s'appelait Atli, qui habitait à Otradalr et avait épousé une sœur de Steinthórr d'Eyrr, qui s'appelait Thórdís[1]. Atli était un homme très petit et d'aspect misérable et l'on dit que son caractère était en conséquence, que c'était un être minable. Il faisait pourtant partie des puissants et il était si riche qu'il savait à peine le compte de ses aurar. Thórdís avait été mariée à Atli pour son argent. On dit que la ferme d'Otradalr est très en dehors du grand chemin ; elle est de l'autre côté du fjord en allant vers la mer, en face d'Eyrr. Atli ne répugnait pas à employer des ouvriers. Il travaillait nuit et jour, autant qu'il pouvait. Il entendait tellement faire à son gré aussi qu'il ne voulait avoir aucun rapport, bon ou mauvais, avec les autres. C'était un fermier très actif. Il avait une grande dépendance : il y avait dedans toutes sortes de choses utiles et bonnes. Y étaient empilés en grands tas de la viande de toute espèce, du poisson séché, des fromages et tout ce dont on pouvait avoir besoin. C'est là qu'Atli avait fait son lit, lui et sa femme y couchaient chaque nuit.

On dit qu'un matin, Steinthórr fut sur pied de bonne heure, il alla au lit de Hávardr, lui prit la jambe et lui demanda de se lever. Hávardr se leva rapidement et avança dans la pièce. Lorsqu'il se leva, ses camarades en firent autant l'un après l'autre car ils avaient coutume d'aller tous ensemble là où un seul avait besoin d'aller. Lorsqu'ils furent tous prêts, ils sortirent dans le pré clos. Steinthórr s'y trouvait avec quelques hommes. Alors Hávardr dit : « Nous sommes prêts, bóndi, à aller où tu veux ; nous t'accompagnerons volontiers, que ce soit pour le bien ou pour le mal. Mais je mets un point d'honneur à ne pas vouloir prendre part à une expédition quand je ne sais pas où je dois aller. » Steinthórr répondit : « J'ai l'intention d'aller voir Atli, mon beau-frère, et je voudrais que vous me teniez compagnie en chemin. » Ils descendirent jusqu'à la mer. Il y avait là le cotre qu'ils avaient pris à Thorbjörn. Ils le lancèrent, se mirent aux rames et traversèrent le fjord. Steinthórr trouvait que les camarades entreprenaient vaillamment toute chose.

Ce matin-là, le bóndi Atli se leva de bonne heure et sortit de son lit. Il était équipé ainsi : il était en tunique blanche, courte et ajustée ; il n'avait pas le pied alerte ; il avait à la fois l'air misérable et laid, était chauve et avait les yeux enfoncés dans les orbites. Il sortit pour examiner le temps. Il faisait froid et il gelait fort. Il vit un bateau qui arrivait de l'autre côté du fjord et qui était presque parvenu à la côte, il reconnut là Steinthórr, son beau-frère, et cela ne lui plut pas. Il y avait un enclos au pré clos, qui débordait sur les champs. S'y trouvait une meule de foin dont on avait tiré du fourrage de tous côtés[2]. Il prit pour stratagème de courir dans l'enclos, de renverser la meule de foin par-dessus lui et de rester dessous. Il faut parler maintenant de Steinthórr et de tous ses compagnons : ils accostèrent et montèrent à la ferme. Lorsqu'ils entrèrent dans la dépendance, Thórdís se leva d'un bond et fit joyeux accueil à son frère et à eux tous, disant qu'on le voyait rarement. Steinthórr demanda où était Atli, son beau-frère. Elle dit qu'il était parti peu avant. Steinthórr leur demanda de le chercher. Ils le cherchèrent par la ferme, ne le trouvèrent pas et le dirent à Steinthórr. Alors Thórdís dit : « Que veux-tu faire ici, parent, chez nous ? » Il répondit : « J'avais envisagé qu'Atli me donnerait ou me vendrait quelques provisions. » Elle dit : « J'estime n'avoir pas moins le droit de commander qu'Atli. Je veux que tu prennes ce que tu voudras. » Il déclara qu'il le ferait volontiers. Après cela, ils vidèrent la dépendance et portèrent les provisions dans le cotre jusqu'à ce qu'il fût chargé. Il y avait là toutes sortes de provisions. Alors, Steinthórr dit : « Vous allez retourner à la maison dans le cotre, moi, je vais rester chez ma sœur. Je suis curieux de savoir comment Atli, mon beau-frère, se comportera quand il reviendra. » Thórdís répondit : « Je trouve que ce n'est pas la peine, parent, tu ne trouveras pas amusant ce qui le concerne, mais fais à ta guise. Seulement, tu vas me promettre de ne pas être moins ami d'Atli qu'avant, quoi qu'il dise ou qu'il fasse. » Steinthórr y consentit. Elle le fit passer sous un rideau, où personne ne pût le voir. Pour les autres, ils revinrent à la maison dans le cotre. Ils eurent vent très vif dans le fjord, furent tout mouillés par les embruns avant d'accoster.

CHAPITRE XVI

Il faut reprendre le récit là où Atli est sous la meule. Quand il vit qu'ils avaient quitté la contrée, il rampa d'en dessous de la meule, mais il était si engourdi et avait si froid qu'il put à peine se tenir debout. Il se traîna ensuite jusqu'à la dépendance. Lorsqu'il y entra, il tremblait tellement qu'il avait toutes les dents qui claquaient et sonnaient. Il leva les yeux et vit que la dépendance était vide. Il dit alors : « Qu'est-ce que ces pillards qui sont venus ici ? » Thórdís répondit : « Personne n'a pillé ici ; pourtant, Steinthórr, mon frère, est venu, avec ses hommes et je lui ai donné ce que tu dis avoir été pillé. » Atli répondit : « J'aurai toujours à me repentir de t'avoir épousée, et me voilà privé de mon bien ; je ne sais pas s'il existe pire homme que Steinthórr, ton frère, et s'il y a plus grands pillards que ceux qui sont avec lui, ils m'ont tout pris et volé et pillé ici, si bien qu'il va bientôt falloir que nous allions mendier de maison en maison. » Thórdís dit : « Jamais nous ne manquerons de biens, va dans ton lit et laisse-moi te réchauffer un peu. J'ai l'impression que tu es complètement gelé. » Il se tapit sous les couvertures à côté d'elle. Steinthórr trouva que son beau-frère était vraiment très faible, il n'avait rien aux pieds, il avait tiré sur sa tête une tunique qui ne lui couvrait pas les cuisses. Atli se tapit sous les couvertures à côté d'elle, parlant grossièrement, blâmant constamment Steinthórr et le traitant de pillard. Après quoi il se tut quelques instants. Lorsqu'il se réchauffa, il dit : « Il faut dire pourtant que je possède un grand trésor en ta personne. Il faut dire aussi qu'on ne trouvera pas homme aussi magnifique que Steinthórr, mon beau-frère ; ce qu'il a emporté, c'est bien aussi : c'est ce que j'avais en garde [mais qui ne m'appartenait pas]. » Longtemps, il loua Steinthórr. Celui-ci s'avança jusqu'au lit, et quand Atli le vit, il se leva et lui fit joyeux accueil. Alors Steinthórr dit : « Est-ce que tu penses, beau-frère, qu'on t'a dévalisé ? » Atli répondit : « Il est très vrai que tout ce que tu as pris me semble bienvenu ; je veux t'offrir aussi de prendre de mes biens tout ce que tu voudras, car cela ne manque pas. Tu as pris le parti le plus digne d'un chef, tu as accueilli les hommes qui ont vengé leurs griefs. Tu dois vouloir les renvoyer comme un grand homme. Tu n'en seras que plus magnifique. » Alors, Steinthórr dit : « Je voudrais te demander, beau-frère Atli, de ne pas te faire aussi minable que jusqu'ici. Reprends-toi, prends des ouvriers à ta place et sois sociable. Je sais que tu n'es pas une piètre personne, bien que tu te rendes ainsi pour des raisons de caractère. » Atli le promit. Steinthórr s'en alla chez lui dans la journée. Les beaux-frères se quittèrent en termes très amicaux. Steinthórr arriva chez lui à Eyrr, estimant avoir bien agi. Ils restèrent à la maison et l'hiver s'écoula. Il y eut grande liesse à Eyrr en hiver. On y fit de grands jeux de batte.

CHAPITRE XVII

Il y avait un homme qui s'appelait Svartr ; il était esclave à Eyrr, grand et fort : il avait la force de quatre hommes. Il était utile, il travaillait beaucoup. Un jour, Steinthórr le fit appeler et lui dit : « On voudrait que tu prennes part au jeu avec nous aujourd'hui car il nous manque un homme. » Svartr répondit : « Ce n'est pas la peine de me demander cela car j'ai beaucoup à faire ; je suppose aussi que tes champions ne voudront pas travailler à ma place ; mais on te l'accordera tout de même si tu le veux. » On raconte que Hallgrímr devait faire face à Svartr. Le mieux à en dire, c'est qu'à chaque fois qu'ils s'affrontèrent, Svartr tomba, et après chaque chute, ses chaussures se défirent, et qu'il passa fort longtemps à les rattacher. Cela dura longtemps ainsi pendant la journée et l'on fit grandes clameurs et rires là-dessus, Hávardr déclama une vísa :

14. *Aux Njördr de l'épée, aux fils*
De Valbrandr d'en face, les lacets
Ne furent pas longtemps mal attachés
— Je m'en souviens maintenant —
Quand le vaillant de la terre des récifs
Devait venger le bois de l'écu,
Mon fils, en été ;
S'enflait la mer tourmentée[1].

Le jeu était des meilleurs. Hallgrímr avait dix-huit hivers alors et l'on tenait pour probable que ce serait un héros quand il serait en pleine maturité.

On dit que l'hiver s'écoula et qu'il ne se passa rien, jusqu'à ce que l'on se préparât pour aller au thing. Steinthórr déclara qu'il ne savait pas quel parti envisager pour les camarades. Il ne voulait pas les emmener au thing avec lui mais ne trouvait pas bon de les laisser chez lui pendant le thing. Peu de jours avant le thing, lui et Atli se rencontrèrent. Atli demanda comment il prendrait soin de ses pensionnaires pendant le thing. Steinthórr dit qu'il ne savait pas bien où il les mettrait pour être sans crainte sur leur compte, « à moins que tu les prennes ». Atli dit : « Je m'engagerai à recevoir ces hommes. — Alors, tu agis bien », dit Steinthórr. Atli dit : « Selon mes possibilités je t'accorderai ce que tu voudras. » Steinthórr dit : « J'ai parfaitement confiance en toi pour cela. »

CHAPITRE XVIII

Après cela, Hávardr s'en alla chez Atli avec ses camarades. Ils arrivèrent à Otradalr. Atli reçut Hávardr à bras ouverts. On n'y manquait de rien. Il leur fit un excellent banquet. Ils étaient à dix hommes en état de porter les armes. Atli fit débarrasser la dépendance, y fit mettre leurs lits et accrocha leurs armes, tout fut aménagé au mieux. Pour Steinthórr, il convoqua des hommes, il ne manquait ni d'amis ni de parents. Il était parent par alliance de plusieurs chefs. Il alla au thing avec trois cent soixante hommes : c'étaient tous ses thingmenn, amis, parents et parents par alliance.

CHAPITRE XIX

Il y avait un homme qui s'appelait Thórarinn ; il était godordsmadr dans l'ouest du Dýrafjördr, un grand chef, assez âgé. Il était frère des fils de Thjódrekr ; il était beaucoup plus avisé et sage[1]. Il avait appris ces nouvelles : le meurtre de ses frères et de ses parents, et considérait qu'il avait été touché de près. Il pensait ne pas pouvoir se désintéresser de cette affaire étant donné que c'était surtout à lui que revenaient les poursuites légales. Avant qu'on se rendît au thing, il convoqua des hommes par le Dýrafjördr, et là où il avait des parents et amis.

Il y avait un homme qui s'appelait Dýri, qui était le second chef important de ces lieux. C'était un grand ami de Thórarinn le Godi. Son fils s'appelait Thorgrímr ; c'était un homme dans la fleur de l'âge quand ceci se passa[2]. On dit de lui qu'il était grand et fort, très versé dans la magie, sachant maintes choses, et qu'il faisait bien des tours par incantations. Thórarinn présenta ce cas à ses amis, et ils se mirent tous d'accord pour que Thórarinn et Dýri aillent au thing avec deux cent quarante hommes. Pour Thorgrímr fils de Dýri, il s'offrit à tuer Hávardr et tous ses parents et camarades, déclarant avoir appris que Steinthórr d'Eyrr les avait hébergés pour l'hiver et avait promis de défendre leur cause en pleine légalité contre ceux qui seraient les poursuivants légaux des parents. Thorgrímr dit savoir que Steinthórr était parti de chez lui avec un très grand nombre d'hommes et que les parents et camarades étaient arrivés à Otradalr chez Atli le Minable, beau-frère de Steinthórr « et rien n'empêchera de les tuer à qui mieux mieux ». On décida que Thorgrímr partirait de chez lui avec dix-sept hommes. On ne raconte rien de leur voyage avant qu'ils ne soient arrivés à la ferme d'Atli à Otradalr. C'était un matin de bonne heure et ils allèrent dans un petit vallon que l'on ne pouvait pas voir depuis la ferme. Thorgrímr leur ordonna de descendre de cheval, il dit qu'il avait envie de dormir[3], de telle sorte qu'il ne pouvait rester assis. C'est ce qu'ils firent, ils laissèrent les chevaux paître. Thorgrímr s'endormit après avoir étalé un manteau au-dessus de sa tête et eut un sommeil agité.

CHAPITRE XX

Il faut dire maintenant ce qui se passait à Otradalr. Hávardr et les siens passèrent la nuit dans la dépendance, selon leur habitude. Le matin, ils furent réveillés par le fait qu'Atli avait un sommeil agité si bien qu'à cause de cela, personne ne pouvait dormir, car il se démenait, soufflait et agitait bras et jambes dans son lit, jusqu'à ce que Torfi fils de Valbrandr se lève et le réveille en disant que personne ne pouvait dormir à cause de lui et de ses façons de faire. Atli s'assit et se passa la main sur le crâne. Hávardr demanda s'il avait vu quelque chose dans son sommeil. Il dit que c'était plutôt le cas, « il me semblait sortir de la dépendance, et je vis des loups qui couraient par le champ en venant du sud, à dix-huit en tout, avec une renarde courant devant les loups. C'était une bête si rusée que je n'en avais encore jamais vu de telle. Elle était terrible et hideuse. Elle regardait partout, elle voulait avoir les yeux sur tout, et toutes ces bêtes me paraissaient féroces. Mais lorsqu'elles furent arrivées à la ferme, Torfi m'a réveillé et je sais qu'à coup sûr, ce sont des esprits humains[1]. Nous allons nous lever tout de suite. » Atli ne manqua pas à ses habitudes, se leva d'un bond et passa sa tunique, puis sortit, rapide comme une flèche. Les autres prirent leurs armes et leurs vêtements et s'équipèrent vaillamment. Lorsqu'ils furent prêts, Atli revint, ayant mis une forte broigne, l'épée brandie à la main. Alors, Atli dit : « Il est fort probable qu'il en aille comme beaucoup l'ont présumé, qu'il n'ait pas servi à grand-chose à Steinthórr, mon beau-frère, de vous avoir fait loger ici. Maintenant, je vous demande de me laisser décider des dispositions que nous allons adopter. En premier lieu, je suis d'avis que nous sortions tous nous mettre au pied du mur de la maison pour ne pas nous laisser transpercer à l'intérieur. Je suppose que vous n'avez pas envie de fuir, quoi qu'il arrive. » Ils dirent que c'était bien le cas.

CHAPITRE XXI

Il faut reprendre le récit au moment où Thorgrímr se réveilla. Il avait très chaud. Il dit alors : « Je viens de me trouver à la ferme pendant un moment, mais mon esprit s'est tellement égaré que j'ai perdu conscience, nous allons tout de même marcher sur la ferme. Je pense que nous allons les brûler à l'intérieur ; il me semble que c'est ce qui pourra réussir le plus rapidement. » Ils prirent leurs armes et marchèrent, par le champ, sur la ferme. Quand Atli et les siens virent les hommes, Atli dit : « Mon opinion est que ce sont les gens du Dýrafjördr qui sont arrivés ici et qu'ils ont à leur tête Thorgrímr fils de Dýri qui est le pire homme de tout le Dýrafjördr et le plus versé dans la magie. Ce sont les plus grands amis de Thórarinn à qui revient d'entreprendre les poursuites pour ses frères. J'ai l'intention, tout invraisemblable que cela paraisse, de me porter contre Thorgrímr ; pour toi, Hávardr, je te destine deux adversaires, tu es un grand champion, et expérimenté. À Hallgrímr, ton parent, j'en destine deux, ceux qui sont les plus braves, aux fils de Valbrandr, Torfi et Eyjólfr, j'en destine quatre, aux fils de Thorbrandr, Oddr et Thórir, quatre, aux fils de Thorbjörn, Grímr et Thorsteinn, trois, et je destine un homme à Thórhallr et un à mon domestique. » Lorsque Atli eut réparti ses hommes comme il le voulait, Thorgrímr et les siens marchèrent, venant du sud, sur les maisons, et virent alors que les choses se présentaient autrement qu'ils l'avaient pensé : des hommes se tenaient là, en armes et prêts à la résistance. Alors Thorgrímr dit : « Qui sait si Atli le Couillon n'est pas plus rusé que je ne le croyais. Nous allons néanmoins marcher contre eux. » Ils attaquèrent donc, comme prévu.

Au premier assaut, Atli le Petit attaqua Thorgrímr et le frappa des deux mains, de son épée, mais le coup ne mordit pas sur Thorgrímr. Ils échangèrent des horions quelques moments, le fer ne mordait pas sur Thorgrímr. Alors, Atli dit : « Tu es comme un troll[1], Thorgrímr, et pas comme un homme puisque le fer ne mord pas sur toi. » Thorgrímr répondit : « Pourquoi oses-tu parler de telles choses, car je t'ai frappé il y a un instant du mieux que j'ai pu et le fer n'a pas mordu sur ta méchante tête chauve. » Atli vit qu'on ne parviendrait à rien de la sorte. Il jeta son épée, bondit sur Thorgrímr par en dessous et le fit tomber à terre. Il n'avait plus d'arme et il savait que la différence de forces était grande. Il ne lui resta plus qu'à s'accroupir devant Thorgrímr et à lui arracher la gorge d'un coup de dents, puis à le tirer jusqu'à l'endroit où se trouvait son épée et à lui trancher la tête. Puis il leva les yeux et vit que Hávardr avait abattu l'un des deux auxquels il avait affaire. Atli bondit aussitôt à cet endroit et ils n'échangèrent pas longtemps de horions avant qu'il n'abattît l'autre. Hallgrímr avait tué les deux auxquels il se mesurait, ainsi que Torfi. Eyjólfr avait tué un de ceux auxquels il avait affaire, Thórir et Oddr en avaient tué trois, mais il en restait un. Thorsteinn et Grímr en avaient abattu deux, mais il en restait un. Thórhallr avait tué celui auquel il avait affaire. Le domestique n'avait pas tué celui qui lui était destiné.

Hávardr demanda que l'on arrête. Alors Thorsteinn fils de Thorbjörn dit : « Mon père n'apprendra pas, à l'ouest dans le Raudasandr, que nous autres, les frères, n'avons pas accompli notre part comme les autres. » Il bondit sur l'un des adversaires qui lui avaient été assignés, hache brandie, et la lui enfonça dans la tête si bien que celui-ci en reçut immédiatement la mort. Atli demanda pourquoi il ne les tuerait pas tous. Hávardr dit que cela ne servait à rien. Atli s'assit et demanda qu'on lui amène les survivants. Il leur rasa les cheveux et leur fit une tonsure, et mit du goudron à la place. Puis il sortit un couteau de son étui et leur coupa les oreilles à tous, demandant que, marqués de la sorte, on les envoie à Dýri et à Thórarinn. Il dit qu'alors, ils pourraient se rappeler qu'ils avaient rencontré Atli le Petit. Après cela, ils partirent de là à trois, eux qui étaient venus à dix-huit, tous vaillants et bien équipés. Hávardr déclama alors une vísa :

15. *Les braves de la pluie des estocs*
Auront appris à l'ouest et de l'ouest
Dans l'Ísafjördr
— La flèche des blessures fut rougie —
Qu'il y eut des pourvoyeurs de bataille
À la provocation des lances ;
Il n'y eut guère de choses pour
Faire reculer les fils de Valbrandr[2].

Après cela, ils se mirent en devoir d'enterrer ceux qui étaient tués, et prirent ensuite le repos et le loisir dont ils avaient besoin.

CHAPITRE XXII

Il faut dire maintenant que les gens arrivèrent au thing. Il y avait là grande foule : de grands chefs et de grande valeur. Il y avait là Gestr fils d'Oddleifr, Steinthórr d'Eyrr, Dýri et Thórarinn. On discuta de leurs affaires à tous. Steinthórr répondait pour Hávardr et les siens. Il offrit pour eux de passer accord et de prendre l'arbitrage de Gestr fils d'Oddleifr, disant que c'était lui qui était le plus au courant de cette affaire. Et comme ils savaient comment ils avaient agi, ils acceptèrent de bon cœur. Alors Gestr dit : « Puisque c'est la volonté de l'un et de l'autre partis que je dise un peu quelque chose là-dessus, on ne se fera pas prier pour l'accorder. Je mentionnerai d'abord ce qui a été déclaré l'autre été à propos du meurtre d'Óláfr fils de Hávardr : j'avais imposé pour cela une triple compensation ; cela peut tomber, en compensation du meurtre de Sturla, de Thjódrekr et de Ljótr qui furent tués bien qu'innocents, mais Thorbjörn fils de Thjódrekr est tombé sans qu'il y ait à verser compensation pour lui, en raison de son injustice et de nombreuses actions répréhensibles qu'il a commises contre Hávardr et beaucoup d'autres. De même, Vakr et son frère Skarfr sont tombés privés de leur inviolabilité sacrée[1]. Leur meurtre sera tenu pour équivalent de celui de Brandr le Fort et d'Ánn, frère adoptif de Hallgrímr ; on paiera compensation pour le suivant de Ljótr de Mánaberg que Hávardr et ses gens ont tué. De même, pour le meurtre de Ljótr, je ne peux imposer d'amende. Tout le monde sait l'injustice que Ljótr a montrée envers Thorbjörn et envers tous les autres à qui il a pu en manifester. Les circonstances ont voulu que deux enfants tuent un champion comme l'était Ljótr. Thorbjörn aura également en toute liberté la prairie qu'ils possédaient tous les deux ensemble auparavant. Pour la consolation de Thórarinn, s'en iront à l'étranger : Hallgrímr fils d'Ásbrandr, Torfi et Eyjólfr, fils de Valbrandr, Thórir et Oddr, fils de Thorbrandr, Thorsteinn et Grímr, fils de Thorbjörn. Comme tu es fort âgé, Thórarinn, ils ne reviendront pas en Islande avant d'avoir appris que tu es mort.

Pour Hávardr, il transférera sa résidence et ne restera pas dans ce quartier du pays, de même que Thórhallr, son parent[2]. Je veux que vous vous réconciliez pleinement et qu'il n'y ait de tromperie ni de part ni d'autre. »

Après cela, Steinthórr alla recevoir les conciliations pour Hávardr et tous ses camarades, selon les stipulations qu'avait dites Gestr. Steinthórr versa également le cent d'argent qu'il avait à payer. Thórarinn et Dýri acceptèrent tout cela bravement en disant qu'ils étaient satisfaits de ce verdict. Lorsque ce procès fut conclu, arrivèrent au thing les hommes dont on avait coupé les oreilles, qui dirent en présence de tout le monde les événements qui s'étaient produits au cours de leur expédition. Tout le monde tint cela pour une grande nouvelle, encore que les choses se fussent passées comme il était mérité. On estima que Thorgrímr s'était exposé à leur hostilité et que la tournure qu'avaient prise les choses était correcte. Alors, Gestr dit : « Il est bien vrai de dire que ces parents sont différents des autres en fait de méchanceté et de mesquinerie, et qu'est-ce qui t'a poussé, Thórarinn, à faire comme si tu voulais parvenir à des accords tout en accomplissant de telles félonies ? Étant donné que je viens de m'exprimer peu ou prou sur cette affaire, et de dire ce qui pourrait faire droit à ta cause, je laisse les choses en état, selon ce qui a déjà été stipulé et déclaré. Mais vous mériteriez, Thórarinn et Dýri, que votre cause fût invalidée en raison de votre duplicité. Le résultat est que je ne vous assisterai jamais dans vos procès. Pour toi, Steinthórr, sois satisfait, car désormais, je t'assisterai dans tes procès, quel que soit ton adversaire. Tu t'es bien conduit, et bravement. » Steinthórr dit que c'était à Gestr d'en juger, surtout « il me semble qu'ils en ont retiré le pire lot, ils ont perdu beaucoup de leurs hommes et, en plus, leur réputation de vaillance ».

Après cela, ils terminèrent le thing. Gestr et Steinthórr se quittèrent en termes très amicaux, mais Thórarinn et Dýri furent fort mécontents de leur lot. Lorsque Steinthórr arriva chez lui à Eyrr, il envoya chercher les gens d'Otradalr. Quand ils se retrouvèrent, chacun dit à l'autre ce qui s'était passé. Ils trouvèrent que tout ce qui avait été décidé était très bien. Ils remercièrent Steinthórr de son aide, ajoutant qu'Atli, son beau-frère, avait bien agi envers eux et avec quelle vaillance il s'était comporté, disant que c'était le plus brave des hommes. Il se fit alors très grande amitié entre les beaux-frères. Désormais, Atli fut tenu pour le plus grand des braves, où qu'il allât.

CHAPITRE XXIII

Après cela, Hávardr s'en alla dans l'Ísafjördr ainsi qu'eux tous. Bjargey se réjouit grandement ainsi que les pères des jeunes gens, qui crurent être redevenus jeunes. Hávardr décida de préparer un grand banquet ; il avait une grande ferme et magnifique. On n'y manquait de rien. Puis il invita Steinthórr d'Eyrr et Atli son beau-frère, Gestr fils d'Oddleifr et tous ses parents et parents par alliance. Il y eut quantité de monde et un très beau banquet. Ils y restèrent une semaine, tous joyeux et contents. Hávardr était un homme très riche de biens de toutes sortes, et à la fin du banquet, il donna à Steinthórr trente moutons et cinq bœufs, un écu, une épée et un anneau d'or, objets de très grande valeur. À Gestr fils d'Oddleifr, il donna deux anneaux d'or et neuf bœufs ; au bóndi Atli, il fit aussi d'excellents cadeaux. Aux fils de Valbrandr, à ceux de Thorbrandr et à ceux de Thorbjörn il fit aussi, à tous, d'excellents présents, de bonnes armes à certains et d'autres choses. À Hallgrímr, son parent, il donna l'épée Gunnlogi et en outre de très bonnes armes. Il les remercia tous de leur excellente assistance et de leur vaillant courage. À tous ceux qu'il avait invités là, il fit de bons présents car ni l'or ni l'argent ne faisaient défaut. Après ce banquet, Steinthórr s'en alla chez lui à Eyrr, Gestr dans les Bardaströnd et Atli à Otradalr. Ils se quittèrent tous en termes fort affectueux. Pour ceux qui devaient s'en aller à l'étranger, ils allèrent à l'ouest à Vadill et partirent de là pour l'étranger en été. Ils eurent bon vent, arrivèrent en Norvège. C'était alors le jarl Hákon qui régnait en Norvège[1]. Ils y passèrent l'hiver et, au printemps, se procurèrent des bateaux, partirent en expéditions guerrières et devinrent hommes très renommés. Ils s'adonnèrent à cette activité quelques saisons. Alors, ils revinrent en Islande : Thórarinn était mort. Ils devinrent de nobles hommes. Il y a, sur leur compte, de grands récits, ici dans le pays et en divers autres lieux. On cessera ici de parler d'eux.

CHAPITRE XXIV

De Hávardr, on dit qu'il vendit ses propriétés et que lui et sa femme se rendirent au nord dans le Svarfadardalr, puis montèrent dans la vallée qui s'appelle Oxadalr, y érigèrent leur demeure et y habitèrent quelques hivers : Hávardr appela cette ferme Hávardsstadir. Quelques hivers après, Hávardr apprit la nouvelle de la mort du jarl Hákon, et que le roi Óláfr fils de Tryggvi était arrivé au pays, qu'il était devenu roi souverain de la Norvège et qu'il prêchait la vraie foi. Lorsque Hávardr sut cela, il abandonna la culture et s'en alla à l'étranger avec Bjargey et Thórhallr, son parent. Ils allèrent trouver le roi Óláfr qui leur fit bel accueil. Hávardr fut alors baptisé ainsi que Bjargey et Thórhallr, et ils passèrent là l'hiver, tenus en grande faveur par le roi Óláfr[1]. Ce même hiver, Bjargey mourut et, en été, Hávardr et Thórhallr, son parent, allèrent en Islande. Hávardr emportait du bois en quantité pour construire une église. Il fixa sa résidence dans le bas du Thórhallsdalr et y habita longtemps, avant de tomber malade[2]. Il convoqua alors Thórhallr, son parent, et dit : « Le fait est que j'ai attrapé une maladie qui va me mener à la mort. Je veux que tu reprennes mon bien. Je te permets d'en jouir à ton gré. Tu m'as bien servi et m'as prêté excellente assistance. Tu vas transporter ta demeure dans le haut du Thórhallsdalr. Là, tu vas faire construire une église et je veux qu'on m'y fasse enterrer. »

Et ayant prescrit ce qu'il voulait, il mourut peu après. Thórhallr agit promptement, transporta sa résidence dans le haut de la vallée, y construisit une ferme importante et l'appela Thórhallsstadir[3]. Il fit un bon mariage et maintes gens descendent de lui, et il habita là jusqu'à sa vieillesse. On dit aussi que lorsque le christianisme arriva en Islande, Thórhallr fit faire une église dans son domaine, avec le bois que Hávardr avait transporté jusqu'en Islande. C'était un magnifique édifice, et c'est dans cette église que Hávardr fut enterré : on tint que ç'avait été un très grand homme. Et nous terminons ici, pour cette fois, cette saga sur son sujet.

CHAPITRE PREMIER

1. Ces personnages sont plus ou moins apparentés à certains héros de la *Saga de Gísli Súrsson* et de la *Saga des frères jurés*, comme il est normal, puisque toutes ces histoires se déroulent dans la partie occidentale de l'Islande, et sensiblement à la même époque.

2. En d'autres termes, Thorbjörn disposerait du bien de Sigrídr tant qu'elle serait chez lui, mais il ne le ferait pas fructifier. Comme dans les contes de Maupassant, l'avarice et la cupidité jouent un rôle majeur dans les sagas islandaises ; on va voir qu'elles sont le véritable moteur de toute l'action.

3. Le mari et la femme ne sont mentionnés nulle part ailleurs.

4. Il était donc *hamrammr* ou *rammaukinn*. L'individu ainsi « doué » est susceptible de s'évader du corps — lequel entre alors en lévitation — pour accomplir diverses besognes, en se jouant des lois du temps et de l'espace. Il pouvait se dédoubler sous forme de loup, d'ours, de taureau ou même sous forme humaine.

5. L'existence historique de ce Ljótr n'est pas sûre. Son seul nom (*ljótr*, laid) peut indiquer qu'il s'agit d'un

personnage inventé. Il en va de même du nom de sa ferme, Mánaberg (Mont-de-la-Lune). Pour minimes qu'elles soient, ces remarques, et de semblables tout au long de la saga, donneraient volontiers à penser que l'auteur a voulu brocher sur un fond d'événements ou de traditions plus ou moins sûrs une histoire à son goût. C'est une conception acceptable pour une saga.

6. *Lögmadr* : au sens de « fondé de pouvoir ».

7. Ni Thórdis, ni ses fils ne sont connus par ailleurs.

CHAPITRE II

1. Selon une croyance fort ancienne, l'on pensait que l'ours disposait d'une chaleur vitale peu commune.

2. Les nuits d'hiver sont les trois nuits — les anciens Islandais ne comptent ni par jour ni par année, mais par nuits et par hivers — par lesquelles commence officiellement l'hiver.

3. Les arbres du bouclier : les guerriers, les hommes.

4. C'est-à-dire d'être soupçonné de vol. Le vol était l'un des plus graves délits que connaissait l'Islande ancienne, pays pauvre.

5. Le détail est sans doute destiné à rendre le personnage impressionnant.

CHAPITRE III

1. Le bois et les baleines échouées (*reks*) faisaient partie des ressources des Islandais habitant le bord de mer.

2. Il y a, dans le Snaefjallaströnd, des vestiges d'habitations nommés Hávardsstadir (lieux de Hávardr).

3. C'est-à-dire qu'ils sont les premiers occupants de ces lieux.

CHAPITRE IV

1. C'est la procédure légale du *handtak* ou *handaband*, dont dérive probablement notre rituelle poignée de main. Faite devant témoins, cette opération avait valeur contraignante.

2. Il n'est pas du tout certain que Gestr ait été mêlé, de près ou de loin, à toute cette saga.

3. Il subsiste des vestiges de terre, dits Óláfrúst ou Óláfseildi (ce dernier mot signifie « tombe d'Ólafr »), qui donneraient à penser que là fut enterré Óláfr.

4. Il y a si loin de la ferme à l'emplacement de la bataille, qu'on ne peut espérer que Thórdis ait pu entendre ou voir quoi que ce soit. L'auteur est, derechef, pris en flagrant délit d'invention.

CHAPITRE VII

1. Steinthórr, l'un des principaux personnages de la *Saga de Snorri de Godi*, d'une part ne peut avoir vécu du temps de Hávardr, d'autre part n'a jamais habité là où le veut l'auteur de notre saga.

2. *Arfsalsmadr* : l'homme qui a fait un *arsfal*, c'est-à-dire qu'il a promis son héritage à autrui, en échange de l'entretien et de l'assistance jusqu'à sa mort.

3. Il a existé sur Thorgils fils de Halla une saga aujourd'hui perdue.

4. La chose paraît invraisemblable : payer triple compensation ne se voyait que pour des très grands chefs.

CHAPITRE VIII

1. Sturla fils de Thjódrekr, dit Sturla le Meurtrier, ne peut avoir joué aucun rôle dans l'histoire de Hávardr, et on ne lui connaît pas de fils du nom de Thjódrekr.

2. En faisant ramer autour du cotre et en vidant le contenu de son sac, Bjargey accomplit deux opérations magiques bien attestées par ailleurs.

3. Valbrandr serait plutôt, non le frère, mais le père de Bjargey.

4. Ces renseignements coïncident plus ou moins bien — plutôt moins, en vérité — avec les indications fournies par les stropes qui émaillent la saga. En fait, l'intérêt est ailleurs : les pages qui suivent constituent un parfait exemple de conte populaire, ici exploité aux fins de la saga.

5. On a déjà suggéré que les frères de Bjargey sont une invention de l'auteur.

CHAPITRE IX

1. Le ski de la vague : le bateau ; son pointeur d'estoc : Hávardr. Le sol de la charogne est le champ de bataille dont les arbres sont les guerriers.

2. Le Njördr (dieu vane) des armes est le guerrier, Óláfr.

3. La vague du tas de cadavres est le sang, dont la mouette est le corbeau ; la mer de la charogne est également le sang. Gunnr est une valkyrie ; son faucon est le corbeau ; les nourrisseurs (ceux qui donnent de la nourriture au corbeau) de la bataille : les guerriers. Gautr est un des noms d'Ódinn ; ses ruses désignent la guerre, puisqu'il ne combat pas par les armes mais par les stratagèmes ; ses coucous sont les corbeaux. On appréciera

la triple variation sur le thème : il va y avoir bataille, les corbeaux seront rassasiés (de cadavres sanglants).

4. D'après une tradition orale rapportée par Kalund, la langue de terre appelée aujourd'hui encore Broedratunga (langue des Frères), dans le tún de Melgraseyri, conserve le souvenir de l'endroit où les frères se sont préparés à partir avec Hávardr.

5. Yggr est un des noms d'Ódinn ; sa mouette est le corbeau, ainsi que la sterne du flot des blessures, qui est le sang.

6. Les spécialistes signalent que les indications fournies ici par la saga sur les lieux et les distances sont fausses.

7. Sur ces rondins, on fait glisser le bateau pour le rentrer dans le hangar ou sur le rivage.

8. Tout prouve que l'auteur ne connaissait pas les lieux dont il parle : de la « grande lagune » qui va jouer un rôle si important par la suite, il n'y a pas trace à cet endroit.

CHAPITRE XI

1. Là non plus, la disposition des lieux ne peut satisfaire aux prétentions du récit.

2. Les repères chronologiques fournis par la saga elle-même, surtout dans ses derniers chapitres, interdisent d'ajouter foi à ce détail (faire le vœu de se convertir au christianisme s'il se tire de ce mauvais pas). Mais l'auteur cède ici à une attitude abondamment attestée dans la littérature cléricale de l'époque où il écrivait.

3. Le fracas du métal : la bataille ; les lunes de la bataille : les boucliers ; la rencontre des boucliers : la bataille ; le sorbier (ou n'importe quel autre arbre ou arbuste) de la bataille : le guerrier, ici Thorbjörn. Gunnr est une valkyrie ; son trublion est de nouveau Thorbjörn.

4. Eir, petite déesse, désigne ici Bjargey.

5. Voir n. 5 du chapitre premier.

6. Cette coutume, pour barbare qu'elle paraisse, faisait partie des mœurs du temps.

CHAPITRE XII

1. Le fils de Geirdís doit être Eyjólfr : Geirdís n'a pas été mentionné précédemment. Sudr est un nom de rivière ; son éclat est l'or ; ses buissons, les hommes, les guerriers. Le Baldr (dieu ase) des lances est Eyjólfr.

2. Njördr, dieu vane, est ici synonyme (*heiti*) de guerriers. La pluie de l'estoc est le sang. Le dévastateur de la nation (ou du peuple), curieusement, renvoie ici à Hávardr lui-même, qui dévaste les lignages de ses ennemis.

CHAPITRE XIII

1. Il faut compter en fait soit huit, soit neuf hommes — à moins que l'on ne tienne pas compte des deux domestiques de Ljótr, qui ne figureront pas dans les accords. D'autre part, la strophe 7 de la saga (p. 49) mentionne quatre victimes de Hávardr.

2. Le soleil du fjord est l'or, dont les arbitres sont les hommes. Le feu du sillage est à nouveau l'or, dont le cheval est le bateau ; le dompteur est le marin, le guerrier.

3. Les gardiens des lances sont les guerriers, les adversaires de Hávardr.

CHAPITRE XIV

1. Les renseignements fournis sur le compte de ce Ljótr par notre saga ne coïncident en rien avec ce que l'on sait de lui par ailleurs.

2. Si le thème de ce chapitre semble historiquement correct, les noms des véritables protagonistes sont faux.

3. Après le meurtre de Ljótr, les fils de Grimr allèrent

chez Hávardr le Boiteux, qui avait tué Thorbjörn, parent par alliance de Ljótr, l'automne précédent. L'intervention de Steinthórr d'Eyrr est pure invention.

4. Le pin du glaive est le guerrier, ici Hávardr. Hlín, petite déesse ase, doit ici servir de *heiti* pour Jörd, autre déité. Sens : tombé à terre (*jörd* signifie « terre »).

CHAPITRE XV

1. Atli est sûrement le fils de Högni, fils de Geirthjólfr le colonisateur. Sa femme Thurídr était cousine germaine de Bjargey. Mais jamais Atli n'a épousé une sœur de Steingrímr Eyjólfsson, ici confondu avec Steinthorr d'Eyrr. Enfin, son portrait ne correspond en rien à la nature du vrai Atli Högnason, qui était un chef.

2. En raison du vent qui souffle perpétuellement sur l'Islande, le foin n'est pas mis en meules comme dans nos pays, mais enlacé, en quelque sorte, autour d'un piquet central qui le maintient. On a tiré de tous côtés du foin de ce piquet, en sorte que l'on peut facilement renverser la meule en poussant sur cet axe.

CHAPITRE XVII

1. Les Njördr de l'épée : les guerriers. La terre des récifs est la mer ; son vaillant, le marin, le guerrier. Le bois de l'écu est aussi l'homme.

CHAPITRE XIX

1. Il est certain que Thorbjörn, fils de Thjódrekr, n'a pas eu de frère qui s'appelât Thórarinn.

2. Autre invention de l'auteur : on ne connaît pas de Dýri contemporain de Hávardr. En revanche,

Thorgrímr, son « fils », doit être Thorgrímr Gagarr, fils de Ljótr le Sage.

3. Il est caractéristique du magicien qu'il soit pris d'une irrésistible envie de dormir lorsqu'il va être visité par les esprits. Cette attitude est en relation avec les déplacements du *hamr*. Voir n. 4 du chapitre premier.

CHAPITRE XX

1. *Manna hugir*, des « *hugr* » d'hommes. C'est une des conceptions de l'âme selon les anciens Scandinaves.

CHAPITRE XXI

1. C'est-à-dire, à l'époque, un esprit affreux, un géant maléfique.

2. La pluie des estocs : le sang ; ses braves : les guerriers ; la flèche des blessures : l'épée.

CHAPITRE XXII

1. Il y a une incongruité dans le fait que tous les individus mentionnés — surtout Thorbjörn, un chef — soient tombés sans qu'il y ait à verser compensation pour eux.

2. Contrairement à ce que voudrait faire valoir l'auteur, Hávardr et ses compagnons n'ont pas gagné leur procès, puisqu'ils sont tous proscrits du district. Le seul avantage qu'ils aient retiré est que leur cause est passée en arbitrage, faute de quoi ils auraient été tous condamnés à proscription totale (*sekr skógarmadr*). La peine qu'ils encourent est donc relativement bénigne.

CHAPITRE XXIII

1. Le meurtre de Thorbjörn ne peut avoir eu lieu que juste après la christianisation officielle de l'Islande (999), ou sous le règne du jarl Eiríkr, fils de Hákon.

CHAPITRE XXIV

1. Ce fait est impossible selon la chronologie.
2. Le Thórhallsdalr est aujourd'hui nommé Thorvaldsdalr — qui doit être son nom originel.
3. D'aucun de ces lieux l'on ne trouve trace aujourd'hui : il n'est pourtant pas impossible qu'ils aient existé.

Composition Nord Compo
Impression Novoprint
à Barcelone, le 8 mars 2018
Dépôt légal : mars 2018
1er dépôt légal dans la collection : janvier 2016
ISBN 978-2-07-046834-8./Imprimé en Espagne.

334613